U0079209

i-smart

別太鐵齒

你至少要懂的

娟◎編著

開店風水學

門做生意，誰都希望自己能做到業界「龍頭」的位置！

本書結合傳統的天時、地利、人和三個因素與現代商業管理學：

天，指時運，體現於商業及市場行情；
地，指地理環境和位置等恰當的安排和配合；
人，指處事方法和購物人群複雜的心態特徵。

從這三個方面對店鋪的性質、顧客、交通、位置等商業風水因素進行了細緻的歸納和分析，
既開示風水玄奧，又闡明經營規律，讓你的事業蒸蒸日上！

i-smart

智學堂
智慧是學習的殿堂

國家圖書館出版品預行編目資料

別太鐵齒，你至少要懂的開店風水學 / 常娟編著.
-- 初版. -- 新北市：智學堂文化，民101.09
　　面；　　公分. --（開運系列；1）
　　ISBN 978-986-88534-1-6(平裝)
　　1.相宅 2.商店
294.1　　　　　　　　　101014372

開運系列：01

別太鐵齒，你至少要懂的開店風水學

編　著	―	常娟
出 版 者	―	智學堂文化事業有限公司
執行編輯	―	劉孋瑩
美術編輯	―	林子凌
地　址	―	22103　新北市汐止區大同路三段一百九十四號九樓之一
		TEL　（02）8647-3663
		FAX　（02）8647-3660

總 經 銷	―	永續圖書有限公司
劃撥帳號	―	18669219
出 版 日	―	2012年09月

法律顧問	―	方圓法律事務所　涂成樞律師
CVS 代理	―	美璟文化有限公司
		TEL　（02）27239968
		FAX　（02）27239668

I 商鋪選址

II 旺地選址

III 地基選擇

IV 如何挑吉屋

商鋪求吉
選址與命名

VI 大廈與樓層

商鋪求吉
選址與命名

商鋪外觀
與命名

I 商鋪外觀的風水意義

II 商鋪財源

商鋪外觀
與命名

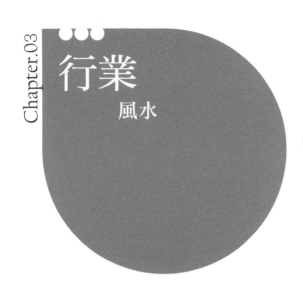

Chapter.03

行業
風水

I 五行與行業

II 九星樓層

III 八運與行業

IV 八運期間大樓的吉方朝向

開門
納氣

I商業大門

Chapter.04

開門
納氣

開門

納氣

開門

納氣

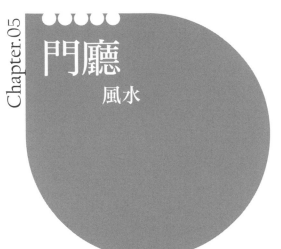

Chapter.05

門廳
風水

I 門廳設計風水

II 門廳方位風水

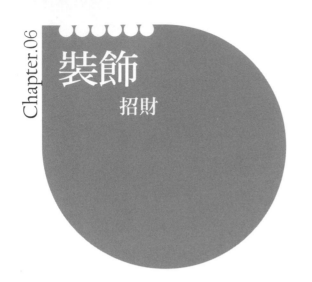

Chapter.06

裝飾
招財

I 五行與裝修材料

II 財位裝飾

III各類商鋪裝飾風水

IV物品招財

V各路財神

近年來，世界各地更是出現了「風水熱」。美國前總統布希等高級官員、金融界比爾‧蓋茲以及眾多影星等，在購買房屋時，都要事先請風水師考察，甚至美國有不少大學都設立風水學專業課程。這些都說明風水學在現代生活中所具備的特殊意義。

風水學經歷幾千年的不斷豐富和發展，在認識自然、改造自然的方法和手段方面都有長遠的發展，也成為人們日常生活中的重要內容之一。本書結合傳統的天時、地利、人和三個因素與現代商業管理學：天，指時運，體現於商業及市場行情；地，指地理環境和位置等恰當的安排和配合；人者，指處事方法和購物人群複雜的心態特徵。從這三個方面對店鋪的性質、顧客、交通、位置等商業風水因素進行細緻的歸納和分析，既開示風水玄奧，又闡明經營規律。

想要讓事業有個好的開始，一定要找一個好的地點。選擇經商的店鋪，俗稱「選碼頭」，碼頭位置的好壞，對商業經營和生意的好壞，會產生很大的影響。經商店鋪的風水選址，應當選擇一個能保證商家精力旺盛的環境，如此不但便於招攬顧客、利於買賣，而且能給商鋪帶來長期的生意興隆。在香港、澳門以及新加坡等華人聚集的地方，大型商業店鋪的選址都是按風水家的意見進行吉利的設置，所以大多財運比較旺。不只如此，許多傑出的企業家也篤信風水，例如香港首富李嘉誠，他在1961年就建好長江大廈，還把公司總部設在這裡。後來一度搬到其他地點，不過到1998年時，李嘉誠還是把公司總部又搬回長江大廈，但這次搬遷，李嘉誠特別請風水師來調整風水。因為長江大廈一直被對面的中銀大廈的尖角影響，所以財運不佳，後來風水師建議用玻璃反射光線，抵擋中銀大廈的煞氣，還根據長江大廈兩邊的中

銀大廈和滙豐銀行大廈的樓層高度，設計正方形的平面圖形。在風水師的調理下，長江大廈的風水日漸好轉。好風水使李嘉誠的事業如虎添翼，越做越好。

　　另外還有一個例子就是香港。從經濟學角度看，香港正好處於珠江的河口，有得天獨厚的深水良港，使香港成爲世界貿易運輸的重要樞紐，同時與珠海、深圳一起形成珠江經濟三角洲。而且香港地處嶺南山系，從武夷山經羅浮山延綿而來的山勢在新界形成「九龍下海」格局。尤其難得的是，這九條龍均穩健雄壯，到新界後就停住結穴，這樣一來，香港的生氣就格外旺盛。風水專家也認爲，香港本島原本就已經是「雙獅戲球」的格局，而大嶼山則是「鳳凰回巢」格局，而這兩個格局相互呼應，不可多得的陰陽相交的貴格應運而生，更加優化香港的風水，增加香港的運勢。而香港絕佳的水局也註定香港的富庶，珠江水氣在被大嶼山攔截後，就將珠江口所出水氣的五分之二貫入香港，確立一個絕佳的富局。而珠江水是從西北方和西方匯流入香港，其中西方爲主流。風水上西北方屬乾卦，對應六運，西方屬兌卦，對應七運，這就註定香港在六運和七運間會成爲富庶之地。1954年至1974年爲六運，此時香港經濟開始發展。1975至1995年爲七運，香港開始進入極盛時代，從此由一個小漁港而一躍成爲了世界金融中心。

　　同理可證的地方還有澳門，澳門是水形地局，因此五行屬水的賭博在澳門十分興盛，澳門的賭場更是將易經風水術發揮得淋漓盡致。以葡京賭場爲例，澳門的葡京酒店是亞洲著名的賭場，它獨特的外形如一個雀籠，其頂部的四周有很多類似鐮刀狀的利器，刺向四面八方，進入的賭客就好比是一隻隻任人宰割的籠中鳥。而賭場門口有兩扇門形同虎獅口，而在風水中，獅子能吸財，老虎能看財守宅。進入此門，好比進入虎獅口，極易泄財。此外，賭場頂樓有很多小球和大球，下面有一個如同玉盤的白色圓形圍邊，意爲「大珠小珠落玉盤」，永保莊贏的局面。

澳門葡京賭場

　　澳門的新葡京賭場也是同樣的道理，從正面看，新葡京賭場的造型好比一把插入圓形鳥籠的劍，側面看則像無數把利劍插入鳥籠，此風水佈局又稱萬劍穿心，底部造型又神似無數張開大嘴的鯊魚，進入賭場的賭客就好比是中國俗語「羊入虎口」一般。賭場每張賭桌上方都設有一個個爪型的設計，風水上稱天羅傘，意為將賭客的錢抓光光。頂部所有燈飾設計為大大小小的圓形網狀燈飾，似天羅地網，寓意所有賭客均被網住。此外，新葡京賭場的底部造型還有龍牙吸水局之說，意為廣招財源。

新葡京賭場

　　http://www.zghjfs.cn/Item/Show.asp？m=1&d=5911

別太鐵齒 你至少要懂的 開店風水學

Chapter.01

商鋪求吉
選址與命名

商鋪選址
旺地選址
地基選擇
如何挑吉屋
房屋外觀
大廈與樓層
大廈環境

中國最早的充滿哲學思想的周易這儒家經典著作，加上道（主張形神合一，以神守形，以形養神）、釋（主張因果報應和輪迴思想）、巫（主張神靈對人運的影響）、占星（主張星宿對什麼只有五、六、七？為什麼五行理論的真正含義：就是金水木火土這五行裡物都包羅萬事萬物都包基礎。以及傳統的陰陽理論有一個很好的理解和掌握陰陽五行理論，才能很好的的影響）、促進了風水的發展。天地生萬物，即人和一切生命體均是天地交互作用的產物。太極生兩儀，兩儀生四象，四象生八卦，八卦重疊成六十四卦」。太極即原始狀態，少陽、少陰、太陽（長日照─如夏季）、太陰（短日照─如冬季）。太極即原始狀態，兩儀即陰陽五行理論以及醫學說，很多人都對陰陽理論有一個很好的理解。現在上中醫藥大學的中醫基礎最基本最重要的理論，只有很好的理論理解了祈求達致的一門民間信仰。天干地支是風水運用相關陰陽消長理論，可惜後來被方士生硬地配以陰陽五行理論主要，即宇宙萬事萬物，信息同源，程序相同，節奏相同。風水理論主要所謂以陰陽（宇宙）與地（地球、地理環境）及人（人之居所）之生老病死。簡單來說，這就是天地人合一。源自樸素的易經哲理，即宇宙萬事萬物八卦即八卦之生命現象：太陽即宇宙統一源自樸素的稱太陽，四象即少陽太極生兩儀，四象即八卦，四象即八卦，八卦重疊成六十四卦。天地，四象即八卦八卦即八卦八卦即八卦即八卦，八卦即八卦。

五行理論，中醫知識去為人們治病救人，排憂解難。「民間信仰的充滿五行理論，熟悉天干地支的具體屬性和運用的事物醫學說以及以及以對陰陽理論有一個很好的這儒家經典著作，加上道（主張形神合一，以神守形，以形養神）、釋、巫。每一個真正的風水大師也好，從而總能有很好的理論論，中醫也好，熟悉天干地支的具體屬性。真正的個人能理解的具體屬性和運用的事物基本身的態勢，從而總能真正的風水的個人能理解的具體屬性和運用的事物。

Ⅰ商鋪選址

◆商鋪風水選址總則

　　大樓如果用於商業用途，可以根據九星風水，配合經營者的命格，選擇向著旺氣、生氣、進氣的大樓，這樣才能讓生意興隆，事業發達。大樓向著旺氣方，可興旺發達，向著生氣方，生機勃勃，事業穩步向前發展；向著進氣方，財源廣進，穩定發展。

◆商鋪「龍頭」

　　在每個行業裡都有業績做得比他人出色的大型企業，人們將其成為行業的「龍頭」。對於新開業的商鋪，如果能把商鋪選定在「龍頭」企業的旁邊或附近，往往能夠沾染「龍頭」的貴氣，尤其是從事零售行業的店鋪，還可以借助「龍頭」的品牌所具有的號召力帶來的大量人流，無形中增加自己店鋪的客流量，有利於自己生意的興隆。

　　開門做生意，誰都希望自己能做到業內「龍頭」的位置。要使得商鋪成為「龍頭」，在商鋪選址的時候，需要注意以下幾點：

1. 避左選右，以聚人氣

　　在中國的傳統風水文化中，「右上聚，左主散」一直都是被人們所尊崇的商鋪選址定律。

2.「相迎不相順」

　　「相迎不相顧」是中國傳統風水文化的重要規律，主要就是在開店選擇地址的時候，商鋪大門的朝向要與商鋪的所在位置向配合。

3. 忌諱直面道路

　　在風水中，「喜迴旋，忌直沖」也是一種避免是非，降低商業風險的主要方法之一。

4. 注意對風的使用

「無風死氣沉沉、緩風人財兩旺、急風聚散成空」，在風水中，都很重視「風」對店鋪生意的影響。因為「風」在不同的商鋪內部會營造不同的風水環境，進而也會對商鋪的經營產生不同的影響。

一般來說，好的店面多設在人口密集、交通便利之地，人流量大、人氣旺，才能使生意興隆。但理想的店址並不易找到，這時候就需要針對不利因素、相應改善店鋪的招財佈局，以期達到斂氣生財的效果。

◆「一鋪養三代」

正確選擇商鋪位址，往往可以達到「一鋪養三代」的效果。在商鋪選址時，不可忽視以下問題：

1.「金角，銀邊，草肚皮」

在一條商街上要選擇「角」與「邊」上的鋪位。「金角，銀邊，草肚皮」一直是商業內流行的擇址的要訣。

2. 選低不選高

顧客在店鋪內行走購物為省時、省力，往往不願向樓上走，因而低層店鋪往往比高層店鋪可以創造出更高的贏利。

3. 靠近交通樞紐

商鋪經營會受制於交通路線，因此車站這類的地方一般都會匯聚人流，周邊的店鋪自然也就會受人青睞。

4. 投資社區商鋪

社區是人群密集居住、常年生活的空間，因而在靠近社區的地點設置商鋪，不僅能夠為社區人員提供充分的便利，而且商鋪的投資安全性和營利性也會得到提升。

5. 選對商圈

周圍商圈的環境組合會對市場空間產生一定的影響，只有適應環境的商鋪才會經營得顧暢。

6. 順應城市規劃

　　都市規劃就是對整個都市區域未來發展的遠景進行設計，目的是爲了改變城市空間的格局，有些地方在這一過程中便會受到影響，在選擇時候要密切注意。

◆商鋪設置在行業市場

　　一般來說，將商鋪設置在同行業商品聚集的商圈或市場是一個不錯的選擇，可以直接分享他人的客戶群。而且，從風水的角度看，當某一行業的商品彙集在一起之後，會形成氣場，而這種氣場也會帶來大量的人氣。人多則氣旺，氣旺則財旺。所以，將自己的公司選在行業市場內或是附近，可以爲拓展業務打下基礎。

　　隨著人氣的聚集，商家之間雖然會存在一定的競爭，但是，這種良性的競爭能夠促進商品種類、服務等多方面的提升，從而不斷提升市場本身所具備的影響力，也就更加有利於經營。

◆商鋪設置在繁華地段

　　一般來說，將商鋪開設在繁華的地段，便能充分利用該區域密集的人流來刺激銷售。而從風水學的角度來看，有人就有生氣，人愈多生氣就愈旺，乘著生氣就能帶來生意的興隆。從經濟學的角度說，市鎮上的繁華地段，都是商品交易最活躍、最頻繁的地方，人們聚集而來，就是爲了選購商品。

◆商鋪設置在偏僻地段

　　開設在繁華地段的商鋪往往生意興隆，財源滾滾。相反的是，如

別太鐵齒　你至少要懂的　開店風水學

果將店鋪開設在偏僻的街段，便會很少有人光顧。按照風水的說法，人是生氣的代表，沒有人光顧的商店，則會缺少生氣。缺少生氣，陰氣則生，陰氣旺盛則商店的生意就會不景氣，嚴重的還會影響到店主的身體健康。

◆屋前開闊

「屋前開闊」，這是因為風水學要求房屋前有寬敞的明堂，以便藏風納氣，商鋪也不例外。因此，選擇商鋪的位址時，應多考慮商鋪正前方的開闊，不能有任何遮擋物存在，比如圍牆，電線杆，看板以及成片的樹木等。

商店門前開闊，不僅可以使商店面達四方，而且會使商鋪的視野廣闊，即使處在較遠的顧客和行人也都能清楚地看到鋪面，這樣便會使得商鋪經營的商品資訊遠播四方，傳給顧客，再傳給行人。顧客和行人在接收到商鋪的商品資訊後，就有可能前來選購。在風水中，將這種資訊的傳遞，稱為氣的流動，門前有氣的流動，便會使商鋪內生氣大漲，有利於財運的發生和聚集。

◆選址要注意周圍道路情況

如果你要選擇一個商鋪位址，那麼，下面幾個與道路有關的因素必須要考慮到：

1. 在路口經商會有利於聚財

四面道路的人流車流來去彙聚於此，車水馬龍，彙集於明堂水口，會是很好的風水格局。

2. 「上有高架道路，中有安全島」會影響財運

這樣的道路不僅會阻礙人流，而且還會影響財運。

3. 「路沖」遮擋財路

路沖煞的格局不僅容易給居住者造成傷害，而且還會擋住商鋪的財路。

4. 曲路有利於彙聚人氣

在接近道路彎曲處的地方開店，要選擇在弧形的道路內側一邊。稱為「內弓水」或是「腰帶水」，商業空間面對的是這種「玉帶環腰」的道路，將可導引良性能量緩緩進入大門，不僅有利於客源充足，而且也會利於財氣的發生。

5. 街道的右方容易生財

如果店鋪旁的馬路是單行道，則一般應選擇右邊的位置。因為地球的南北極的磁場較強，而地球是自西向東進行自轉，所以河流或者馬路右岸的地方會最先接收到一些好的磁場，進而變得繁榮起來。

6. 接近天橋口的地方有利財運

在城市中會有跨越馬路的天橋，天橋也是路的一種，天橋口便是水口所在位置，在靠近水口位的商店一般都會有較好的客流量。

7. 接近隧道口的地方會造成傷財

因為隧道口是向下凹的交通管道，會把車流引走，因此無法聚氣和聚財。

8. 底層的樓房可以收財

商店應當儘量設置在較低的樓層內，這樣不僅可以收到水氣，而且有利於商鋪的經營。

◆商鋪靠近馬路

風水學認為，馬路就是「水龍」，而道路交匯的地方也就是匯水口，所以位於十字路口拐角處的商業大樓都有非常不錯的財運風水。在風水中，十字路口被稱為「四水到堂」，這裡不僅擁有較為開闊的明堂，而且車水馬龍彙集於此，非常有利於財氣的聚集，如果再加上有個

性又醒目的名稱，以及獨特的裝修風格，一定可以獲得非常好的商業前景。

對於商業選址來說，人流和車流是重要的參考因素之一。但如果將商業大樓選在大馬路邊，寬闊的道路雖然會有大量的車流和人流，但是由於速度太快，所以人氣也無法被聚集起來。而且為了安全起見，大馬路中間一般都會設置安全島。這樣一來，就算這條路經過的人再多，也很少有人會願意特意穿過馬路去看看。彙集的人氣被寬闊的大馬路阻擋，就算地段再好也無濟於事。因此，相比之下，車流少、人流大的中小道路才是商鋪的最佳的選擇。

◆宜內弓水，忌反弓水

許多時候，商鋪外邊是彎曲的道路，風水學將彎曲道路的內側稱為「內弓水」格局，也就是被弧度包圍的那一側，如果將商鋪設置在這個位置，大門可以很好地吸收道路所帶來的能量，更容易彙聚人氣，是旺盛利財的格局。

與之相對的則是「反弓水」格局，有著破壞的力量，不利於生氣的聚集。因此，如果選址時遇到彎曲的道路，應該選擇弧形道路的內側。

◆選擇天橋口的大樓

橫跨馬路的人行天橋也是道路的一種，如果按照風水學的觀點來看，天橋也應該屬於水龍，因此天橋口也可以看作是水口位。對聚水、生財十分有利，靠近天橋口的大樓是很適合用來開公司的。

◆大樓的出入口靠近地下通道口

隨著城市交通日益立體化，地下道很常見。這裡往往有較大的人

流量，因此許多人選擇在地下道出口附近開設商鋪。但風水學認爲，並非所有的地下道出口都適合開設商鋪，只有在通向捷運站的地下道出口附近開設商鋪，才能真正達到生意興隆的目的。這是因爲，與普通地下通道的人流疏導不同，經過該通道口的人流會彙聚在捷運站中，面且捷運的進出站也會帶來大量的人流，人氣自然也就會旺起來了。

　　一般來說，大多數地下道出口的附近都不適合開設商鋪，因爲它的走向是從上往下的，這樣下沉式的格局在風水上比較忌諱，既不聚氣，也不聚財，還會將人流引向其他地方。即使大樓的入口不在地下道出口旁，在地下通道入口旁也不好，因爲人流雖然從門口進入，但會很快從另一個出口流失。商業大樓接收不到人氣，運勢自然也就不會太好。

◆商鋪選在車站和停車場附近

　　現代社會，汽車爲人們最重要的交通工具之一，因此，車站和停車場附近往往積聚著大量的人流，因此車站和停車場附近都是開店的黃金位置。根據地形的特點，距離車站100～200米的範圍是店鋪選址的最佳地段，適合用來做食品、書報、速食等價格便宜、購買方便的商店。

　　從風水學的角度來分析，道路被視爲是河流的象徵，而行駛的車子就是河流中的水，車站和停車場就是彙聚這些「水流」的地方。所謂水能聚財，無論是汽車站、火車站、公車站、捷運站還是碼頭，它們所帶來的人氣最終都會彙聚在此，車站和停車場也因此成爲聚財之位。

◆根據業主性別選址

　　風水中有「左青龍、右白虎」的說法。青龍是陽性的力量，是男性的代表，而白虎則是陰性的力量，是女性的代表。

　　在選址時，如果業主是男性，則需要重視所選地點左邊的位置。

如果左手邊有高大的建築，則此地陽性力量較爲旺盛，能夠幫助男性業主建立事業，也可以剋制小人，減少是非。

如果是女性業主，則需要右手邊有高大的大樓，而且高度一定要超過左邊的青龍位。這樣的格局，更有利於女性權勢的鞏固。

◆商鋪選址要取南向

無論是房屋還是商鋪，人們都應儘量選擇坐北朝南的坐向，避開坐南向北的坐向，主要目的是爲了避免夏季暴曬和冬季寒風。

作爲純粹經商而使用的店鋪，在進行相關經營活動時要把全部的門都打開。如果店門是朝東西開，那麼，在夏季，陽光就會從早晨到傍晚，將店門到店內都照射通透。夏季的陽光很熾熱，在風水中將此視爲煞氣，這種煞氣對商店的經營活動也是非常不利的。

但如果商鋪朝向東、西或西北方，人們應注意化解夏冬帶來的煞氣。比如可以在店前撐個遮陽傘，掛遮陽簾等，以避免直接日曬；冬季則可在店門安裝保暖門窗，室內安裝暖氣設備，使溫度回升，營造人們適應的活動場所。

◆商鋪宜寬敞不宜狹窄

風水認爲，選址要講求「屋前開闊」，以有利於接納八方的生氣，對於商鋪來說，這樣也會有利於廣納四方來客。按照這一原則，選擇店鋪的位址時，則應多考慮店鋪正前方的開闊，不能有任何遮擋物存在，比如圍牆、電線杆、看板以及成片的樹木等。

商店門前開闊，不僅可以使商店面達四方，而且會使視野開闊，即使處在較遠的顧客和行人也都能清楚地看到店面，這樣便會使得商店經營的商品資訊遠播四方並傳給顧客跟行人。顧客和行人在接收到店鋪的商品資訊後，則極有可能前來選購。在風水中，將這種資訊的傳遞，

稱爲氣的流動，門前有氣的流動，便會使商鋪內生氣大漲，有利於財運。

◆商鋪不宜在寺廟和教堂附近選址

　　有些人以爲，寺廟和教堂屬於神聖之地，將商鋪設置在它們附近，就沒有煞氣的困擾，其實，在風水中，寺廟和教堂等都屬於高能量之地，因爲這裡是集合眾人膜拜的地方，聚集著強烈的意念風波，容易將周圍的生氣吸走。商業空間講求的是人氣和生氣，雖然這裡有人氣，卻可能很快被寺廟和教堂強大的力量吸走，從而無法吸收到更多的生氣，生意自然也就無法興旺。

　　在寺廟和教堂附近還可能出現宗教節日時門庭若市、平時則門可羅雀的情況，導致生意時好時壞。另外，在這些地方開店，還很容易受到廟角的直射，從而導致氣流凝聚不散，招致各種意外。

　　除非是經營與宗教有關的生意，否則在宗教場所旁選址對生意不利。寺廟、教堂的規模越大，跟它距離越近受到的影響就會越嚴重，最好避開。

◆商鋪不宜正對其他建築的牆角

　　如果選中正對著其他建築的牆角的商鋪，就會產生「箭煞」，對商品的經營非常不利。如此的風水格局會導致店鋪內的生氣不足，不利於「藏風得水」，且容易產生兇氣，自然店鋪的生意也不會好到哪裡去。

◆商鋪應遠離高架橋

　　隨著經濟發展，城市道路不斷向城市的不同空間進行拓展，大量高架橋也隨之而出現。由於拆遷、地理等諸多因素，高架橋也越修越

彎，高架橋的出入人口越來越多，彎道則是多而急，因此高架橋也被稱為「九曲十八彎」。高架橋附近的熱浪一波接一波，一旦湧進商鋪裡面，加上噪音、廢氣、灰塵、熱氣、輻射和光線等，就會大大改變附近房屋內的磁場和人體的能量氣場，商鋪的財氣和運氣也會因此受到影響。

◆商鋪選址遇到單行道

按照風水學的觀點，「左方為心，右方為中」。所以，在單行道旁邊做生意時，需要以選擇右方的店面為主。這樣便會吸收順行車流的生氣，達到旺財的作用。從日常生活來說，右側為車輛的順行向，顧客出入店鋪時候也比較方便。

◆商鋪門面顯露V. S.生意好壞

商鋪門面就是商鋪的明堂之所在。風水學認為，明堂處若開闊顯露，則財運亨通。如果在此處方位有障礙物，則將會使得外部財氣得不到吸收和聚集，內部的邪氣也無法順利地泄出，不利於店鋪的經營。

◆商鋪沒有明堂

由於城市人口密集，因此城市建築物之間的空間相對狹窄，一些商業大樓門前就可以沒有寬敞的地方以作「明堂」之用。此時，要化解門前沒有「明堂」可能帶來的不利影響，最佳的解決辦法當然是將阻礙的物體進行拆除，使大門能夠直接顯露出來。

但如果沒有辦法拆除阻礙物，就可以在招牌上下工夫。用醒目的顏色做招牌，在美觀的前提下盡可能地做得大一些，並且懸掛的位置也要比平常高一些。

另外，也可以用增加陽性能量的方式進行改善。沒有「明堂」，

就說明此處陽氣不足，明亮的光照則可以增加陽性的能量。在大樓的門口和內部都增加光照，光亮的環境既可以彌補沒有「明堂」的缺陷，又可以在視覺上更加引人注目。

◆商鋪的光線

光線和開運的關係非常密切，太陽光中的可見部分是由紅、橙、黃、綠、藍、靛、紫七種色彩組成的，外來的光線直接照在臉上，不同的色光會對人本身產生不同的影響，如果照射在物品上會使物品有所改變，如果照進店鋪同樣也會影響顧客的觀感和店鋪內的風水。如果店鋪內光線充足卻不致過於強烈，會對店鋪產生正面的影響。光線屬於陽氣，可以驅除室內的邪氣，還能使得店鋪內顯得很有生氣，進而利於財氣的發生和聚集。

◆商鋪對著兩座大樓間的小路

如果商鋪正對著兩座大樓間的小路，則會呈現「丁」字型或「丫」字型。如果在此處開店，則容易受到來自道路煞氣的衝擊，不利於財運的聚集。如若無法避開，則需要採取一些風水的方法來進行「制煞」。

1. 可以在店鋪前面設置一個布製的圍欄或者圍障

可以將店鋪的入口改在側邊，如此則可以遮擋和躲避來自道路的不利煞氣。

2. 栽植樹木和花草

可以增強店鋪門前的生氣，利於消除煞氣和塵埃。

3. 平時應多注意清掃

讓店鋪前方有乾淨的空氣流通，同時也利於煞氣的化解。

◆店面受阻擋和狹窄

有的商店的門面窄小，門外又受到異物遮蔽，如此將不利於商店的經營和發展，需要進行改善，方法主要有以下四種：

拆除店前的遮擋物，顯露店面的大門。

如果店面太過狹窄無法改變，就要把招牌加大設置，儘量懸掛在高處，使顧客在較遠的地方也能看到，但調整的時候一定要防止「擎頭煞」的發生，否則會不利於財運。

透過電視、電臺、報紙和看板等傳播媒介，對店鋪進行介紹宣傳，儘量讓商店的位址、經營的商品與服務特色被大眾知曉。

積極參加社會上的各種贊助活動，通過慈善事業來提高顧客對商店的認知度。

◆三角形用地

三角形在五行中屬火；具有很強盛的力量，並且不容易被控制。三角形用地，自古以來就被認為是凶相的地形，它的火性屬性容易使商業無法穩定，對財運有很大的影響；另一方面，三角形地狀也無法充分利用，會造成面積的浪費。古人往往在三角形的最小的頂點處，蓋間小廟或土地公廟等；現代則在銳角的頂點處，築圍牆，而使其成為四方形，藉以除厄運。

如果沒有其他的選擇來避開三角形用地，可以對其進行合理的規劃，化解其地形所帶來的風水不吉利等問題。首先，可以將商鋪主要的功能區設在三角形的底部。然後利用空間規劃，盡可能地把主體空間設置成方形。其次，在剩餘的不規則的區域內，可以設置為庫房、水電房、停車場等，這樣既利用空間，又避免沖煞。最後，也可以在三個尖角處種植樹木，通過樹木的能量來促進氣場的波浪性流動，才能對尖角

的沖煞有化解作用。

◆犯穿心煞的商業選址

「穿心煞」指的是直接穿宅而過的一些建築、形態或物件。例如：樓底下建有管道穿宅而過；樓面有電纜或中空管道跨宅通過等，這都是犯了穿心煞。其對商鋪的實質性影響程度，則視距離遠近而定。犯穿心煞的物質，多帶有流動性，如暗渠、電纜、水流、電流甚至氣流，均形成流動，它首先影響的是商鋪的穩定氣場環境。

變形的穿心煞，指的是建築物中的承重立柱，在房屋區間劃分過程中，被懸架在區域的中間位置，被稱為「穿心柱」。不單是使宅內人口活動受阻與不便，更會因此導致使用者各方面運程出現反復。在地鐵或隧道上蓋的房屋，便是犯了「穿心煞」，低層數的店鋪宅運不穩，財運差，且居住者身體健康較差、極易生血光之災。解決方法是擺放銅葫蘆和五帝明咒，就可以避免地底穿心煞所造成的運氣反復。

◆犯沖天煞的商業選址

窗前見煙囪，俗稱沖天煞或沖煞，如果有三支或五支煙囪則稱為「香煞」。犯這等煞，商鋪主人易患上半身疾病，如胃病、喉病、胸肺部之毛病。在屋的不同方位都會影響不同的人；在東方，長子多病；在東南，長女多病；在南方，中女多病；在西南，母親多病；在西方，少女多病，在西北，父親多病；在北方，中男多病；在東方，少男多病。化解的方法是：化解沖天煞的辦法是最好不要開對著煙囪方向的窗戶，並用屏風或窗簾進行遮擋。如果煞氣在門口，就應該設置玄關，令煞氣不能進入。

◆犯探頭煞的商業選址

探頭煞指的是，從店面門口往外看，能夠清楚地看到對面建築突出的部分，比如水塔、空調等，這種情況都可以說是犯「探頭煞」。對面建築突出的部分就像是人探出的頭來偷窺店鋪，這樣就寓示著生意中容易碰到小人，導致財運的流失，或是店鋪被盜。如果是兩座相鄰的辦公大樓，站在其中一座樓的辦公室裡，會看到對面辦公室突出的部分，這種情況也是犯了探頭煞。這種格局也不好，公司容易出現偷盜行為，員工容易以公謀私。簡單實用的化解的方法是在面對形煞的方向懸掛一個凸鏡，利用凸鏡的分散作作以化解沖煞。

◆背後無靠的商業大樓

建築物背後有更高的建築物做靠山，在風水學中往往是吉利的象徵。因為靠山給人一種安全的感覺，有靠山，人們在創業過程中才會有依靠，並且得到貴人的賞識和提拔，這對生意和運勢都會有很大的說明。但並不是建築物後面有靠山就好，也是有些地方是忌諱的，比如靠山不能過高，也不能是此建築物高度的兩倍以上等等，否則靠山就會給人壓迫感，變成壓力和阻力。另外，後靠荒山、禿山也不好，最好是秀麗壯觀的山峰。如果靠山不是山而是建築物，則得是外表圓潤華麗，沒有尖角或菱形的建築群才好。如果商業大樓背後的山形全是怪石、有過度密集的高壓線、山下已經被開礦挖空或是年久失修的破樓，就無法發揮靠山的作用，相反還會有災禍降臨。

如果商業大樓背後實在沒有靠山，也可以在其後方擺放一些物品來進行化解，比如玉石。擺放玉石雕成的山形擺件，可以達到增強背靠的作用。

◆離大馬路太近的大樓

雖然說靠近馬路的地方才會有很好的人氣，但這並不意味著商業

大樓與馬路的距離越近越好。如果距離太近，快速移動的汽車會帶動周圍氣流的運動，這些氣流就會迅速流過大樓，如果不能被吸收來與大樓的氣場進行一定的融合，或是促進氣場的改變，就會像是割掉整棟大樓的腳一樣，風水上將這種格局稱爲「割腳煞」。

對於犯割腳煞的商業大樓來說，短時間內不會看到影響。時間一長，公司的運勢就會反復不定，落差很大。

◆風向對商鋪的影響

冷風一般是從北方吹來的，對人體健康非常不利。尤其是多天大都是刮北風，這時如果店鋪門朝北而設，寒冷的北風就會直接吹入店鋪，從風水上說，這也是一種煞氣。如果店鋪中有大量的寒氣聚集，不僅會對人體的健康造成一定的威脅，還會使店鋪內的氣場不能順利流通，從而使店鋪變得死氣沉沉，對生意來說會有非常大的影響。另外，除了北風帶來的冷空氣外，某些地域的風向會出現季節性的強風，也是風煞的一種；或者某些店鋪的前方由於有高大的樓房，有可能會出現強風吹拂的情況，這對店鋪也不利。

避免風向對店鋪影響的最佳方法，就是在門口掛一副遮擋效果良好的門簾，有效地避免寒氣直沖店鋪，使店鋪內部的生氣保持一定的活躍度，從而降低寒氣對財運的影響。

◆店面的朝向

在選擇陽宅的基址時，從風水學上來說，最好取坐北朝南向，其目的就是爲了防止夏天陽光的直射和冬季凜冽的寒風。經商店鋪的選擇上，也同樣要考慮到這兩個問題。如果店鋪門面朝北方開，多季來臨會很影響生意，尤其多天經常颳風，強風往往是直接吹進店鋪，尤其在風水學上，也視寒氣爲一種煞氣，寒氣過重，對人對經商活動都不利。寒

風襲來，店員難以忍耐，影響心情，勢必影響生意的成交，從而不能達到商品銷售的目的。

◆商鋪制「煞」

如果店鋪開在東西或西北方向，就要採取措施來制止住夏冬兩季帶來的煞氣。在夏季，可在店前撐遮陽傘、掛遮陽簾、搭遮陽篷等等，以避免烈日的直接暴曬。在冬季，則需要給商店掛保暖門簾，在店內安裝暖氣設備，使店內溫度回升，造就一個適應人們進行正常的經營活動的環境。這種調節寒暑的辦法，風水就叫做「陰陽相剋」或「五行相勝」。

◆在車站和停車場附近開店

風水學認為道路是河流的象徵，行駛的車子就是河流中的水，車站和停車場就是彙聚這些「水流」的地方，一直以來，車站和停車場附近都是開店的黃金位置，這裡的商店幾乎都是客源不斷，生意很興隆。這是因為車站和停車場流動人口特別多，可以聚人氣。那麼在離車站和停車場附近多遠開店合適呢？根據地形的特點，距離車站一百到兩百米的範圍是店鋪選址的最佳地段，適合用來做食品、書報、速食等價格便宜、購買方便的商品。

◆在接近天橋口處設商鋪

從五行上看，天橋屬水，天橋口的店鋪如水口位，可以接水，是旺財的象徵。不過，如果租金與其他位置相差太遠，也不能選。另外，水口位的店鋪，除了最接近的第一家可作為首選外，在水口位附近的其他位置也可作次選。

很多店鋪都會向著天橋，天橋對店鋪會造成什麼樣的影響，便要

視店鋪的高度而定，高度越高，越有利。至於商業大廈，公司居於較高位置一般都較有利，因為低層不論天橋反弓或抱身，都屬於犯「貼壓煞」。

◆辦公大樓選址

一般而言，企業在選擇辦公大樓時，應當注意以下幾點：

1.選藏風聚氣的地方

按照《陽宅十書》的要求：左方青龍為貴神應當高大，右方白虎為凶神應當矮小，前方朱雀為明堂宜寬敞，後方玄武為靠山忌空曠。風水學最講究藏風聚氣，符合這種格局才是藏風聚氣的地方。

2.選當運旺地

選一個運旺的房屋，對促使經營者擁有積極向上的心態，從而制定有效的經營理念和正確的決策判斷，促進公司業務的增長。

3.前低後高，才有靠山

選擇辦公室時，要注意屋後是否有較高的建築物等，背後有個「靠山」，才能發揮穩定公司的作用，而建築物前面要有空地，視野要開闊，這樣市場才會有很好的發展前景。

4.選彎環內側

流動的水就是錢財，而水需要不斷流動，才能創造財富，而都市房屋一般都是臨街而建，來往的車流相當於河水的流向，流水太快不能留住財氣。而彎曲的流水，流動比較緩慢，但一定要在彎環的內側，才能護衛著人，進而留住錢財。

5.忌選遠離高架路、地下道的地方

繁華的城市相對住房擁擠，在高架橋、地下道中往往會有很多建築物比鄰而建，車來車往，橋沖等形成煞氣進入大樓內，使大樓的氣動無法穩定，無法聚集旺氣。化解的辦法是在煞方稍做改動，如擺放魚

缸、植栽、水池等。

◆辦公室選址

　　辦公室是生財的重地，想要財運興旺，生意興隆，就得找個好環境，好風水。

　　首先，先從地點的選擇開始，選個好風水，才能因地啓運，爲公司搶得先機，進而使企業經營成功。

　　風水學上講究選址，其主要目的就是協調種種自然力量（以風和水爲主），營造一個健康舒適、和諧的工作或生活環境。風和水所產生的電磁場，稱爲「氣」。運程不好的氣，稱爲「煞氣」。一處地方的吉凶，除了要看「氣」之外，還有一套風水的推算法則。風水的基本原理是：動、靜、陰、陽。要訣是：藏風、聚氣、乘生氣、避死氣。風水口訣有：「氣聚則財聚，氣散則財散。」因此，在辦公室選址時，必須從室外環境的山形水勢來看需要以「山的形、龍的勢、水的態」和大局的形格來判斷。

◆飯店選址

　　從風水上說，飯店選址需要根據投資人的命造格局，來選擇一處風水寶地，此地能保證商家生意興隆。具體應該注意以下幾個問題：

1. 房屋要坐北朝南

　　坐北朝南的房屋可以避免夏季陽光暴曬和冬季寒風侵襲，爲了給顧客一個優美溫馨的環境，選擇店址時以坐北朝南爲宜。

2. 氣場要強要旺

　　將飯店選擇在市鎮繁華的地段開業，就可以很好地提升自己的形象，爲宣傳推廣打下良好的基礎。

3. 開門迎客

在選擇宅址時，風水學上講求屋前開闊，這樣才能接納八方生氣。因此，選擇飯店的位址時要考慮飯店正前方要有開闊的視野，不能有任何阻擋物，比如圍牆、電線杆、看板和高大的樹木等。

◆書店選址

如果你要開書店，那麼，在選址的時候，一定要注意避開以下幾個地方：

1.坡路上

風水學認為，將書店店開在坡路上，是十分不可取的。但是，總有一些書店會遇到此種情況。現實生活中，你的書店如果不得不開在坡路的話，一定要考慮在書店與路面之間的適當位置設置入口，以方便顧客進出。另外，在櫥窗的位置、通道的安排、商品的陳列等方面，都應當有適當的設計。

2.快速車道邊

隨著現代都市的飛速發展，高速公路越來越多。由於快速通車的要求，高速公路一般有隔離設施，兩邊無法穿越，公路旁也較少有停車設施。因此儘管公路旁有固定與流動顧客群，也不宜作為新書店、影音店選址的區域，畢竟人們不會為了購買圖書或影音商品而在高速公路旁違章停車。況且，將書店設置在快車道邊上也容易犯聲煞，所以，一定要避免。

3.周圍居民少或增長慢，而商業網點已基本配齊的區域

這種地區不宜作為書店的新店址，因為在缺乏流動人口的情況下，有限的固定消費總量不會因新開書店而增加。如果你非要在這樣的環境下開書店，店中一定會缺少人氣，對商家十分不利。

4.路面與店鋪地面高低懸殊的地方

從風水學的角度看，路面與書店地面高低懸殊的地方，也不是理

想的書店地理位置。但是，在寸土如金的都市中，在地下、樓上或在有幾級臺階的房屋開設書店是常有的事情。遇到這種情形時，對於書店的門面、入口、天花板和招牌等設計安排便應特別注意，既要有利於吸引顧客進入店內，又要方便進入，樓梯、階梯和門的寬度，都要慎重考慮，既要考慮經濟效應，又要符合風水的要求。

5. 樓層高的地方

　　如果你將書店開在二樓甚至更高的地方，不僅會因為樓層高不方便顧客購買，而且樓層高開店傳播效果較差，圖書或影音商品的銷售量難以擴展。長久下來，店裡會缺少人氣，甚至可能因此陰氣太重，影響事業和店主的健康。

　　因此，結合了以上幾點，我們知道人氣不旺、交通不暢、進出不便、視野不好等地方的風水都是不適合開書店的。

◆專賣店選址

　　風水學認為，對開專賣店而言，並不是所有的好地點都賺錢，有時遇到市政規劃變動，熱鬧的地段也有可能變成冷僻之地，而許多正在開發中的地段卻有著極大的投資空間。因此，經營者在選址時要將眼光放遠些，不能只迷信黃金地段，以為「非風水寶地不嫁」。事實上，這是廠商們在為專賣店選址時普遍存在的一種心態。他們認為，在鬧市區、商業中心開店，能以較高的客流量帶動銷售，開店就要開在黃金旺地。殊不知，黃金地段的昂貴租金與激烈競爭所帶來的經營壓力，非一般專賣店所能承受的。因此，在選擇專門店位址的時候一定要量力而行，選擇適合自己的風水寶地。

❽ II旺地選址

◆旺地選址三大要素

　　什麼樣的地點才是好風水的旺地呢？風水學中的解釋為：符合「天地人合一」的人文環境觀念，能讓人接收天地靈氣，又遠離世間沆瀣之氣侵擾的房屋。風水學由此總結出旺地選址的三大要素，即「藏風聚氣」、「山環水抱」、「龍真穴的」。

1. 藏風聚氣

　　「藏風聚氣」就是說要尋找一個相對封閉的環境，這樣的環境能讓天地靈氣有控制地進入，並能將其留住。假如居住在四周無遮攔的平原地區，人們就需要人為的方式改變風水結構，以達到藏風聚氣的目的。比如，在房屋周圍填土造山植樹，不但能避風，還能調節溫度濕度。這種辦法在風水上稱為「培龍補砂」。另外改變大門的朝向，改變

門窗的大小，在房屋的門內或閘外建照壁等，都能夠相對有效的改善風水格局。

2.山環水抱

「山環水抱」其實跟藏風聚氣有異曲同工之妙，不過它更強調對山水自然的利用。

3.龍真穴的

「龍真穴的」就是要找到一個生氣旺盛的地方，那裡能最大限度地接受天地精華，從而讓居住的人受益。

◆看房屋風水注意事項：

看房屋風水包括的知識十分複雜，但是總的說來有三個基本方面：

1.要測定房屋的坐向

用羅盤或指南針都可以。

2.要看房屋內的佈局

包括大門、客廳的擺設。臥室床位，廚房、廁所的位置等因素。

3.要看房屋外的環境

包括房屋的外形，附近的形勢、街道、樓房的高低等。

◆根據房屋的對門、左右建築來選房屋

在如今的城市中，建築物大多較為密集，所以人們在挑選房屋的時候應注意運用五行、八卦等風水術，判斷房屋的對門和左右的建築物對房屋的吉凶影響，更要遵行「左右有樓選中間，前後有樓選前排」的原則。

1.對門

一般來說，大門前應有寬闊的明堂，但城市中房屋分佈密集，可

能不具備這種條件，因此，大門正對著的建築就十分關鍵，如果能旺宅主才是利於風水的。根據五行術來看，對門建築的屬性應與宅主的五行相配。如缺金的人適合選在銀行或圓形建築的對門；缺火的人適合選在飯店特別是燒烤店對門；缺木的人適合選在時裝店對門；缺水的人適合選在游泳館對門。

2. 左右

在城市中，房屋左右的建築被視為「山」，就是風水中的「左青龍、右白虎」。左右又有靠的才是最尊貴的選擇。

風水中一般認為青龍為尊，所以應該青龍強、白虎弱，這樣才吉利。龍強過虎大約有四種類型：

龍強過虎的類型	具體表現
龍昂虎伏	房屋左邊的樓較高，右邊的樓較低
龍長虎短	房屋左邊的樓較長較寬，右邊的樓較短較窄
龍近虎遠	房屋左邊的樓靠得較近，右邊的樓靠得較遠
龍盛虎衰	房屋左邊的樓多，右邊的樓較少

◆四合院

東南西北每個方向都能產生的巨大能量，都會對風水產生影響。因此，風水最佳的房屋要讓這棟房屋有不同的朝向，才能吸納四方之氣，進行平衡和補足，中國

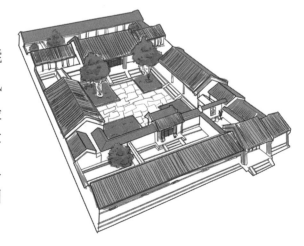

北方的四合院就是西南四方之氣的典範。

◆鋼筋混凝土建築V.S.木建築

從房屋的材料來看，風水學認為木建築的風水好過混凝土建築。這是因為木建築擁有很好的通風透氣性能，所以擁有更多的氣場；而鋼筋混凝土建築的換氣率則很低，大約只有木建築的三分之一。而且木建築在風水的耐用程度也遠遠高於鋼筋混凝土建築。

但當今鋼筋混凝土建築更為普及，所以人們應多加注意轉換房屋的風水，比如開窗戶透氣，還應放置植物在房中，以增加房間的靈氣。

◆房屋坐北朝南

房屋的最佳朝向應該具備兩個要素：一是讓要讓陽光照射進來，二是要能擋住陰冷的風。二者皆備，才能保證房屋有充足的陽氣。

中國大部分地區處於北回歸線以北，陽光始終都是由南向北照射的情況。再加上氣候為季風型，冬天從北方來的西伯利亞寒流十分陰冷，夏天從南方來的太平洋暖流卻溫暖宜人。所以房屋朝向南方，不僅能照到充足的陽光，還能擋住冷風、接受暖風，從而令房屋陽氣充足。這也正是傳統房屋喜歡坐北朝南的道理。

但在風水學中，正南正北為帝王之相，不是普通老百姓能消受得起的，容易引起運程的暴起暴跌。因此，一般的居民房屋朝向以選擇東南或西南，在炎熱的夏天能避開陽光的輻射，在寒冷的冬天，又能得到充分的採光和取暖。所以房屋最好是朝向東南或西南。

然而，根據每個人命卦的不同，適合的房屋朝向也不同。因此在選擇房屋時還應結合自己的命卦。具體來說，就是命屬震、巽、離、坎的人在選擇房屋時一定要選坐南向北、坐北向南、坐東向西、坐東南向西北的房屋，而命屬西四命的人一定記得選坐東北向西南、坐西南向東

北、坐西向東、坐西北向東南的房屋居住。

◆十二個正方位的房屋風水

　　東南西北四個方位代表宇宙中四股最強的力量，它們對風水和個人的影響極大。由這四個方位又可以衍生出十二個方位，風水上用十二地支來給它們命名。任何一所房屋，如果朝向這十二個正方位，一般都擁有好的風水，即為所謂的「三元不敗之屋」。

　　但由於每年地運都會有轉變，而這十二個正方向受到的磁場影響是最大的。所以當地運轉變時，這十二個方位的磁場會有極大的波動，容易使其風水時而極旺，時而極衰。

◆用五行選擇房屋

　　好的風水必須要有五行方位坐向配合，但並不是每個五行方位都適合於每個人，必須配合每個人的八字命格來斷定該房屋是否適合自己居住，只要知道自己的五行利什麼方向地區，就可以透過看風水方位來選擇房屋。

　　如果出生在春天，則木太旺，利火金，房屋宜選在南區、西南區，朝向宜坐北向南或坐東北向西南。

　　如果出生在夏天，則火太旺，利金水，房屋宜選在西北區、北區，朝向宜坐東南向西北或坐南向北。

　　如果出生在秋天，則金太旺，利火，房屋宜在南區，朝向以坐北向南為佳。

　　如果出生在多天，則水太旺，利木火，房屋宜選在東南區、南區，坐西北向東南和坐北向南的朝向都比較合適。

◆根據五行來選擇樓層

傳統的獨棟房屋的風水判斷方法不適用於現代的房屋社區，房屋社區單位眾多，樓層眾多，房屋的樓層與五行也有著密切的關係，一樓屬水、二樓屬火、二樓屬木、四樓屬金、五樓屬土，以此類推。因此，每層樓的每個單位都會因為樓宇的五行與居住者自身五行的相生相剋關係，而有不同的風水。

　　尋找樓層的吉凶，需要根據不同世運和樓層坐山陰陽來推算。即把當下的世運數位作為底層的數位，樓房坐山如為陰，就順序逆推，樓房坐山如為陽，就順序順推。

　　如一棟未山丑向五層建築，要看現在的八運期間，哪層最吉。因為行八運，底層的飛星就為八；坐山未屬陰，就需逆推。如此推算，底層為八白星，二層為七赤星，三層為六白星，四層為五黃星，五層為四綠星。只有底層的八白星是當下旺星，其他樓層的飛星均為退運星，所以底層最吉。

　　在挑選樓層時，也要注意配合自己的命卦，有時即使在一個不吉的樓層也可能有對自己最有利的旺宅。

◆根據五行選擇對門的建築

　　在選擇房屋時，應注意大門正對的空間。這裡應該有較寬的空地，不能狹窄。大門正對著的建築也十分關鍵，如果能旺宅主才是利於風水的。

　　對門建築是否利於風水，應看其是否與宅主的五行相配。如缺金的人適合住在銀行或圓形建築的對門，缺火的人適合住在飯店特別是燒烤店對門，缺木的人適合住在時裝店對門，缺水的人適合住在游泳館對門。

◆用生肖方位躲開是非

在風水中有一顆叫亡神的星宿，會引發是非爭鬥。這顆星宿在寅、申、巳、亥年最為旺盛，為了避免不小心催旺它，可以配合家中男女主人的生肖屬相來定坐山，以避開是非星。

屬鼠、猴、龍的人忌坐在亥方，屬牛、雞、蛇的人忌坐在申方，屬虎、馬、狗的人忌坐在巳方，屬兔、羊、豬的人忌坐在寅方。

◆平原地區

因為平原地區地勢平坦，沒有什麼遮攔，所以也就沒有風水中的朝山、靠山及左右夾護來遮蔽。有風來襲時，既不能遮擋，更不能藏風聚氣。這時，就需要人為地改變風水結構。

在房屋周圍填土造山植樹，不但能避風，還能調節溫度濕度。這種辦法在風水上稱為「培龍補砂」。另外改變大門的朝向，改變門窗的大小，在房屋的門內或閘外建照壁等，都可以有效地改造風水。

◆靠山的房屋

坐實朝空是房屋風水上常說的旺丁旺財的格局，而背後有「靠山」，前面有明堂開闊地的房屋就是典型的坐實朝空。所謂房屋背後有山，既可以是平常所說的長滿樹木、風景秀麗的山峰，也可以是比房屋所在樓房更加寬闊、高大的樓房，還可以是背後高度相近，但已經成片的建築群。這樣的房屋格局，不僅有利於旺丁，使居住者身體健康，還會獲得貴人扶持。

就真實的山來說，靠山應該是一座清秀的小山，而且不能太高，否則就是欺主。城市中的山指建築，適宜用略高於自己房屋的建築做靠山。

有座好的靠山能夠旺丁、得貴人扶持，它代表了上司、長輩和貴人。但如果遇到不好的靠山，不但得不到幫助，反而會受人排擠，使才

能得不到施展。好的靠山是秀麗多木的山，怪石嶙峋、寸草不生、山體崩塌的山，不適合作為靠山。遇到這些不好的靠山時，最好不要在面向靠山的方向開窗，即使有窗也要經常拉上窗簾。為了避免受影響，還可以在窗邊掛葫蘆或兩串五帝錢。當情況很嚴重時，可用四對貔貅面對惡山，以擋其煞。

◆屋後不能有斷崖

屋後有斷崖就意味著屋後不僅沒有靠山，還有墜落的危險，因此非常不吉利。加上屋後斷崖會致使無法開後門，這就意味著只進不出。進而不出則沒有迴圈，即沒有壯大家運的機會。如果遇上地基不穩，出現崩塌就危險了。

◆居住在深山幽谷

許多人嚮往在深山幽谷中生活，但如果不是一心出世的隱士，最好不要住在遠離人群的地方。雖然大型別墅都位於遠離市區的郊區，但也不能偏僻到方圓百里只有一兩戶居住的地步。這些地方人跡罕至、交通不便，人氣不旺導致陰氣濃盛，風水再好也對人不吉。如果實在喜歡深山幽谷的生活，可以考慮將其作為度假屋，切忌常住。

◆形如龜背的地方

很多人希望自己能居住得略高一點，產生一些居高臨下的優越感，所以把房屋建在一個隆起的小山上，這種形如龜背的地形，四處低下，唯有房屋所在之處突出。這種地方並不能吸納更多的氣場，反而會使地氣隨著地形向四處散去。如居住於此，無論事業還是財運都會每況愈下。

◆住在死巷裡

一條被堵死的巷子，意味著氣息不流通，這樣的死巷往往容易陰氣過盛。特別是死巷盡頭的房屋，會承受長期累積起來的濁氣和雜氣的侵襲，不僅有害居住者的健康，對事業也有不良影響，更可能導致破財和是非。

◆街口巷邊的屋子

街口巷邊的房屋，或者在整幢大樓中突出部位的房屋，由於屋子位置外露、無遮無擋，受外界氣候變化影響較大，易受寒風冷雨的侵襲，晝夜屋內溫差較大。家中若有老人、兒童、體質虛弱、慢性病患者，不宜居住，因為居住環境會使人發病的幾率提高。

◆先高後低選房屋

在一些位在山上的城市，有很多的房屋建築都是依山而建的。大多是在屋前先建一個平臺，然後再蓋一座房屋，形成先低後高的建築模式。這是一種很好的佈局方法。但也有的房屋是先建好一個很高的檯子，高臺之後才是一片平地，這就形成先高後低的建築模式。對風水非常不利。比如有些人家的建築設計是在下車以後，還需要乘電梯向下走幾層，才能回到住處。在風水學上，這樣的房屋會導致破財甚至破產，嚴重的還可能會帶來牢獄之災。因此有一句口訣叫「前低後高嗣有德」。

「高」指的是高山，後有高山就意味著子孫可以得到福蔭，是很吉利的。但是如果反過來變成「前高後低」的話，就形成了一種凶煞。選擇房屋時一定要注意。

◆根據大樓名字選房屋

　　根據個人五行屬性的不同，應選擇相應五行屬性的大廈名才利於個人的運程。如屬火的人，不適合居住在叫「藍水地」的大樓，而缺水的人，則很適合這個；缺木的人適合住在叫「萬楓林」的大樓，而屬土的人則不適合住在這裡。

◆大樓坐向與房屋坐向

　　由於單個單位的房屋只能吸納一個小環境的氣場，因而納財的能力有限，但房屋所在大樓因爲佔據龐大的土地，而更有氣運。如果大廈的朝向好，那麼房屋所在大環境的風水也就好。但最好的還是與大樓坐向一致的房屋，它能更好地吸納從大樓大門進來的旺氣。

◆四周建築矮小

　　有些人喜歡住在高大的建築裡，如很高的電梯公寓、山頂的房屋，讓人有「會當淩絕頂，一覽眾山小」的感覺。但當其成爲最高的建築，周圍再找不到比它更高、或與它一樣高的建築，就犯了孤峰煞。犯孤峰煞的建築問題出在周圍缺少護衛它的山或建築，這就使得勁風直吹，不利人體。所以在風水上有「風吹頭，子孫愁」的說法。

　　住在犯孤峰煞的房屋裡，容易孤獨。在遇到困難的時候，往往沒有朋友或貴人相助，子女也容易不孝或遠走他鄉，住戶遁入空門的可能性也比較大。所以風水中有「孤峰獨傲僧尼舍」的說法。

◆對面有高樓

　　如果房屋對面有超過所在樓房高度很多的樓房，且距離在十五米以內，對房屋是非常不利的。從外觀上來說，它就如同泰山壓頂，給人

逼迫感，致使神經緊張。在風水上，這象徵著奴欺主，可能導致小孩不聽話，下屬不服從指揮的情況，致使事業受阻、欲振乏力。

◆對面有破牆

「破敗牆垣」是很常見的，尤其是在一些周圍正在拆遷的建築工地的社區附近。所謂「破敗牆垣」，指的就是一些二三層樓高的舊樓，它們的存在，使得整個社區看上去就像頹垣敗瓦。但是如果這類舊樓依然有人居住並沒有荒廢的話，還是不會對周圍的住戶造成影響的。但是如果這些建築已經完全廢棄，沒有住戶了，並且舊樓還沒有拆完，只有一些被破壞的玻璃窗，那這種情況就是名副其實的破敗牆垣了。風水學中有一句流行的話叫做「破敗牆垣破敗地」，可見住在這類建築的附近，必然會受到「破敗牆垣」的影響。

◆房屋左右的房屋

在城鎮中，房屋周圍不一定有山，但卻可能有各種建築，這些建築在風水中被當作山處理。其中以房屋左右的房屋最值得關注，它們就是風水中的左青龍、右白虎。

風水中一般認為青龍為尊，所以應該青龍強、白虎弱，這樣才吉利。龍強過虎大約有四種類型：龍昂虎伏，即房屋左邊的樓較高，右邊的樓較低；龍長虎短，即房屋左邊的樓較長較寬，右邊的樓較短較窄；龍近虎遠，即房屋左邊的樓靠得較近，右邊的樓靠得較遠；龍盛虎衰，即房屋左邊的樓多，右邊的樓較少。

◆房屋犯白虎煞

所謂白虎煞，就是房屋左右的樓房出現右邊強過左邊的情況，或右邊出現動土的情況。凡是犯白虎煞的房屋，居住其中者輕則導致疾

病，重則有人死亡。

　　如房屋出現了白虎煞，可以在受煞的位置放一對麒麟，以化解白虎煞氣。

◆社區的邊角地帶

　　風水學中有一句口訣叫做「唇邊嘴角風雲地」，表示運氣來得快，去得也快，不斷興替轉換，都不能長久。這裡的「唇邊嘴角」指的就是位於邊緣的地方。一個社區的邊角地帶，或者是一條路的彎角處都屬於這樣的唇邊嘴角。假如這個彎角經過房屋後就一下子直沖出去，正是「唇邊嘴角」的凶煞。

　　「唇邊嘴角」，也被叫做「割腳煞」。所謂割腳煞，顧名思義，就是當你站在馬路轉彎處時，每當有汽車經過都剛好在你腳趾前兩寸掠過，每次都好像要軋到你的腳一般。但是，假如那條路是環繞著房屋形成一個U字形，那麼這種地形就不算「唇邊嘴角」，而是「玉帶環抱」的旺財好風水，選擇房屋時一定要注意。

◆水體與居住

　　屋旁有水是不少人嚮往的居住環境，不少大樓也以附近有湖、河而價格高昂。但並非所有的水體旁都適合人居住。

　　在購買時首先需要注意水流是否環抱所要購買的單位，直流而過的水流不僅不會帶財，還會泄財，反弓水則更會對居家有害。其次應看水流的方向是否吉利，水流流向旺位才利於財運，否則會讓家運衰退。

　　最好不要居住在受污染的水體旁。長滿水葫蘆、水藻的水體表明水體已經受到了嚴重的污染，這樣的水體會發出過多的有害氣體，甚至發出惡臭，不僅影響身體健康，也有礙觀瞻，對財運更是不利。因為公共水體是無法用個人的力量去改變的，因而最好搬離受污染的水體。

有些水體的污染是一時看不到的，應該到水體的上游去考察是否有污染源存在。

河床如果斷流也是一件非常不吉利的事，這在風水上被稱爲瓦陷煞。瓦陷煞是破財之兆，會令家運不斷下滑。

河水可能出現季節性斷流，這種斷流只會在斷流的季節產生危害。但有些河流是以水閘控制水量的，可能每週會有幾天出現斷流。這種斷流就非常有害，不時乾涸的河床會嚴重影響財運。

◆ 最吉的樓層

尋找樓層的吉凶，需要根據不同世運和樓層坐山陰陽來推算。即把當下的世運數位作爲底層的數位，樓房坐山如爲陰，就順序逆推，樓房坐山如爲陽，就順序順推。

如一棟未山丑向五層建築，要看現在的八運期間，哪層最吉。因爲行八運，底層的飛星就爲八；坐山未屬陰，就需逆推。如此推算，底層爲八白星，二層爲七赤星，三層爲六白星，四層爲五黃星，五層爲四綠星。

只有底層的八白星是當下旺星，其他樓層的飛星均爲退運星，所以底層最吉。

又如一棟子山午向的建築，子爲陽，所以底層爲八，二層爲九，三層爲一，四層爲二，五層爲三。八爲當旺星，九、一爲未來的生氣，所以都是吉利的樓層。

◆ 靠山和明堂

風水學將旺丁旺財的格局稱爲「坐實朝空」，就是要求房屋背後有「靠山」，前面有「明堂」開闊地。

1. 靠山

靠山可以是長滿樹木、風景秀麗的山峰，也可以是比房屋所在樓房更加寬闊、高大的樓房，還可以是背後高度相近，但已經成片的建築群。但要注意的是，靠山的山峰不宜太高，而應是一座清秀的小山；靠山的建築則應略高於自己房屋爲好，否則就是欺主。

此外，怪石嶙峋、寸草不生、山體崩塌的山，也不適合作爲靠山。如果房屋背後爲懸崖，則是只進不出的不吉之兆。遇到此類地形，最好不要在面向靠山的方向開窗，即使有窗也要經常拉上窗簾，還可以在窗邊掛葫蘆或兩串五帝錢。當情況很嚴重時，則用四對貔貅面對惡山，以擋其煞。

2.明堂

明堂是房前空曠的地方，如果明堂寬廣則意味著財源廣進、事業順利。明堂應該沒有遮擋、四周整齊，其長度應該爲房屋的1.5倍。

只有滿足「坐實朝空」的風水格局，房屋才能旺丁，多貴人扶持得旺財，還能使▲居住者身體健康。

如果明堂的面積不夠大，或前方有高大阻擋物或荒瘠之地，則需在宅主本命的生氣方、延年方、天醫方、伏位方四個吉方沒有遮擋，才對風水有利。

房屋背後有山，意爲有靠山。▶

◆好戶型四分開原則

風水學中好的戶型必須遵循「四分開」原則：

1. 主次分開

為了體現業主的成功。也為了家庭成員之間的起居互不干擾。主人房應寬敞大氣，與其他臥房略有距離分隔。如設有保姆房，又應與主要家庭成員的房間有所分離。

2. 公私分開

現代家居更注重家庭生活的私密性、保護性，避免主人家庭生活的方方面面被來訪客人一覽無餘。公私分開，即把臥房與客廳、餐廳、視聽房、娛樂房進行區位分離。

3. 乾濕分開

即把廚房、洗手間等帶水帶髒的房間應與精心裝修，怕水怕髒的臥房等分開。

4. 動靜分開

把屋內動態空間與靜態空間分隔開來，即客廳、餐廳、廚房分開；客廳通常人進人出、活動較頻繁，此類房間應與休息為主的臥房空間分隔開來，以確保休息的人能安靜休息，娛樂活動的人更可放心活動，互不干擾。

◆好戶型的類型

風水學中的好戶型主要分為下面四種類型：

1. 平面層戶型

全部居住空間在同一個平面上。

2. 錯層式戶型

即不同使用居住空間不在同一平面上，即可動靜分明。

3. 樓中樓式戶型

把居住空間分爲兩樓層以上。

4. 複層式戶型

類似樓中樓式戶型，不同點是它以兩層樓的高度空間作爲客廳，使客廳採光充足，活動空間更寬敞，顯得較氣派。

◆房屋與宅命盤的對應

如果要看一間房屋的風水，就要將房屋與宅命盤對應，但房屋很少有正方形的，宅命盤卻是四方形的九宮格。爲了將複雜多變的房屋與宅命盤相對應，可以採用放射法。

放射法是在房屋的平面圖上先找出房屋的中心點，以此爲中心，以東南西北爲座標，將整間房屋分成四十五度一個的等份，共八等份，這樣就可以與九宮圖的宅命盤相對應了。

另外，也可以利用房屋中的天花板、地板上的方塊，將房屋分成方形相等的九份。

◆樣品屋

一些預售屋會將大樓的某一間裝修成爲樣品房，爲客戶提供直觀的參考。通常在銷售進入尾聲時，這些樣品屋也會出售，如果樣品屋的佈置和功能都是自己喜歡的，與自家的五行相配，即使再貴也值得購買。

因爲樣品屋有兩個特點：一是人氣鼎盛。很多人在買房前都會先來參觀樣品屋，這就使得剛蓋好的房子在入住前就有了旺盛的人氣。尤其是房子賣得越好，樣品屋的人氣就隨之越旺。二是樣品屋一定是這棟大樓裡擁有最佳景觀且向陽的好宅。此時，如果裝修適宜家中成員的五行，那麼即便是價格比較貴也是可以接受的。

◆樓中樓式房屋

在現代建築模式中，由於高效利用土地和家人交流方便的需要，在家庭人員增加的家庭中，常常喜歡居住在樓中樓式建築的空間裡。但房間過多，在佈局設置上，需要合理的安排才能利於風水。由於樓中樓式建築至少有上下兩層，大門所在的樓層，就比較適合設置爲家庭成員共用的中間，比如客廳、廚房、娛樂室、健身房等。另外的樓層就比較適合用於較爲私密的空間，如臥室、書房等。

◆住在太暗的房屋裡

俗話說「陽光不到，毛病就到」。如果一棟住房光線暗淡，缺乏照射進屋的陽光，就會導致陰氣過盛，使房間陰冷，不利人體健康。缺乏陽光也不利於空氣的流通，使室內外的空氣交流不足，空氣惡劣。因而看風水要注重陽光，凡是採光好的房屋，都有較好的風水。

◆住戶會影響房屋的磁場嗎

人體本身就是一個磁體，它可以影響到房屋的磁場。

如果一間房屋一直沒有人住，它就能夠保持最初建造時的磁場，而一旦有人入住後，這個人或這些人的磁場就會對房屋產生影響。如一個五行水旺的人入住，可能使這個房屋中花草茂盛，但會經常有廁衛漏水或爆管的事發生。但當一個五行火旺的人入住時，這個房屋中的花草就可能枯萎甚至死去。

◆煞氣對不同住戶的影響

因爲每個人的五行屬性和生活際遇不一樣，所以對別的人來說是煞氣的事物，在另一些人看來卻能讓他感到舒適。如一個五行屬金的

人，他的房屋附近如果有嘈雜的汽車喇叭聲，他不但不會感到不適，反而覺得自在。但一個五行忌金的人，他一聽到喇叭聲就會變得心浮氣躁。同理，一個外科醫生如果住在電梯口對面的房裡，他不會覺得有壓力，而其他職業的人則可能會因為電梯口的剪刀煞而夜夜噩夢。

◆動物對磁場有影響嗎

除了人以外，動物也會影響到房屋的磁場。並且，在對磁場產生影響的諸多因素中，最強的力量就來自動物。特別是狗，當牠出現時，很可能導致羅盤的指針亂轉。就此有的風水師認為這是由於動物身上特有的強烈氣味導致的。因此，他們在看風水時，總是先瞭解房屋中是否有寵物，特別是狗。如果有的話，那他們在下羅盤前，一定會讓狗先離開房屋。

◆用屋名改造風水

在現實生活中，風水好的房屋總是有限的，因而總需要進行風水的改造。在改造中，給自己的房屋命名是個不錯的辦法。例如，古代人給自己的書齋命名，這些名字經常被叫到，被想到，也會被寫下來，就會加強這個名字對書齋風水的影響。

名字根據其五行，會產生不同的作用，因而為房屋取名，需要依據宅主的五行。如缺金的，可以叫「銅鑼灣」；缺木的，可以叫「綠松林」；缺水的，可以為房屋命名為「水雲間」；缺火的，可以叫「光明居」；缺土的，可以叫「淘沙齋」。

◆買房選鄰居

人是會影響風水的，不僅前任屋主會影響風水，鄰居也會影響風水。

鄰居的旺衰，會影響自己的旺衰。如果房屋為門對門的情況，那麼對面那一戶的旺衰就很關鍵。因為門閘相對，有相剋的意思，所以對門鄰居旺則自己衰，對門鄰居衰則自己旺。如果與鄰居背靠背，則鄰居成為靠山。鄰居如果是成功人士，就意味著有個好靠山；但如果鄰居破產或死掉了，那靠山貴人就不復存在了。

所以，買房的時候，前後左右的鄰居是你必須預先考慮的風水條件。如何看鄰居的好壞呢？要根據一所房屋的風水格局，主要有4個方法：

1. 看背靠

背靠鄰居的實力及知名度非常重要，如泰山之靠就是好鄰居。

2. 看左邊的青龍位

要是青龍位的一樓比右邊高即為殺氣，主大利男性員工或助手。

3. 看右邊白虎位

如果右邊的建築低且平順，就代表女性的員工或助手較為得力。

4. 看明堂

大門正對的地方最好是空地，或者遠方有旺宅主的風水物。比如缺火命的人最好住飯館對面；缺木命的人，最好是面對時裝店；而金命的人就最好住在銀行對面或圓形建築物的房屋內。

◆大戶型

雖然房價一直在漲，可是很多人還想住大房屋。當然，在條件允許的情況下，能夠住得寬敞是很好的，但是一味地追求大宅就一定好嗎？當然不是，房屋過大，陰氣就會比較重，如果人不夠多的話，就容易使房屋的陰氣壓過陽氣，這種「房欺人」的格局會給家庭成員帶來危害。所以，古人認為房屋小點倒是好的，這樣陽氣重，是吉祥的徵兆。但是，房屋太小也不好，空氣沒法流通，容易造成疾病。

從科學角度來講，房屋面積與人口比例適中，才是最好的住房條件，能促進家庭成員之間的情感關係，能夠團結一家人，而所有的房間都有它的用處，這樣就不至於冷落。而房屋面積是否合適是根據家庭人口來判斷的，並沒有什麼嚴格的規範標準。可以大但是不能空，不能有寒氣。

如果房屋已經很大了，那可以時常請朋友來參加聚會，邀請父母姐妹同住，增加人氣。而房屋過小的話，你就要努力賺錢買大點的房子了！

◆完美的戶型

房屋的戶型不僅僅適合家庭居住，還要在風水上有旺宅功效。好的房屋能夠促進夫妻感情，有益於孩子的學習以及全家的身體健康。但是，這麼複雜的功效得什麼樣的戶型才能滿足呢？

舉例而言，書房的位置一定要在文昌位，這才有利於孩子的學習，還能夠增進文才。兒童房就應該在延年吉位，有益於兒童的身體健康發育，促進智力，讓孩子的學業越來越好。主臥室居住的是房屋主人，這就決定了主臥要處在第一吉位，這樣才能促進夫妻間感情，增加財源，使家庭中的氣流常存，這樣才能工作順利、萬事順心。

◆二手屋

二手屋的交易已經是房市的一大支柱了，但是購買二手屋有很多需要注意的地方。二手屋畢竟是有人居住過的，房屋的磁場已經受到了影響，尤其是因為家中老人過世而出賣的二手屋，其中的煞氣更重。

二手屋固然不及新房好，但不是不能居住，關鍵在於如何選擇。首先就是房屋本身的朝向等基礎風水要好，即使房屋磁場有所改變，影響也不大；其次就是進行必要的裝修改裝，這可以調整改換磁場，而前

屋主留下的傢俱，尤其是床具就不要用了。只要佈局合理調整，二手屋的風水危害是可以降到最低的。

◆租屋

租屋是目前很普遍的現象，不要因為是租屋就覺得風水不重要，任何一所房屋對居住其中的人的影響都是很大的。

租的房屋必然都是舊房子，而且居住的人員不固定，相對於二手屋，磁場就更亂了，所以一定要注意房屋的風水朝向，選擇磁場最好的房屋租賃。同樣的房屋房價有高有低，差別可能就在於風水問題，比如有些房屋太舊，裡面陰氣過重；還有，不要選擇太過偏僻的房屋，會導致人生病或者是運勢走下坡路。所以，選擇租房子的時候不要挑太便宜的，這樣的房屋風水肯定不好，反而會得不償失。

```
                          ┌─────────────────────┐
                          │  不要選擇風水不好的房屋  │
                          └─────────────────────┘
                          ┌─────────────────────┐
                          │   不要選擇太舊的房屋    │
  ╭──────────────╮        └─────────────────────┘
  │  租賃房屋注意事項  │
  ╰──────────────╯        ┌─────────────────────┐
                          │  不要選擇太過偏僻的房屋  │
                          └─────────────────────┘
                          ┌─────────────────────┐
                          │  不要選擇太過便宜的房屋  │
                          └─────────────────────┘
```

租房的條件顯然容易出現問題，尤其是事業初期，所租的房屋可能都是雅房，因此很多大格局的風水問題不是我們所能掌控的。對於那些不可逆轉的租屋風水問題，有哪些可以化解的方法呢？

例如，所租房間對著廁所，造成房門與廁所門相沖，這樣廁所的穢氣會直接影響到房間內。這種情況就一定要把廁所門隨時保持關閉，

加掛門簾，保持廁所的乾淨整潔。而自己房間的床鋪位置要遠離此地，或者做個隔斷。

有的租來的房間比較小，那就要勤收拾屋子，處理不必要的雜物，房內的燈光要明亮，以增加空間感覺，也有助於運勢。床和房門間要有足夠的活動空間，不能感覺擠壓。

◆哪種房子適合你

高層房屋大廈遍佈整個城市，面對那麼多的大廈，究竟該選擇哪個呢？

首先，大廈的名稱很重要，要和屋主的五行相對應。比如「棕櫚泉」這樣的大廈就比較適合五行缺水的人居住，而五行屬火的人住進去會有麻煩；而「西山楓林」這樣的大廈適合五行缺木的人居住，五行屬土的人就不要在這裡定居了。這種從字面意思就可以得知的選大廈的方法是很容易的。

此外就是大廈的坐向，這和普通房屋的朝向意義大體一致。因為一層樓有多套房屋，每個房屋的具體朝向不一樣，但是大廈的整體朝向也很重要，才能更好地吸納旺氣。大廈朝向好的話，自家房屋朝向稍差一點也沒有什麼，是可以用大環境彌補的，如果自家的房屋和大廈的整體朝向一致，且又是好朝向，就是吉上加吉了。

III 地基選擇

◆ 選擇地基

選擇房屋一定要注意對地基的選擇。怎麼選擇地基呢？一定要注意以下幾方面：

1. 宅基地的形狀宜方正、平整。
2. 地基要縱向規劃，以向陽坡面為最佳。
3. 查明宅基所在地的地脈和水文情況。
4. 查明宅基所在地的水土之質和用地歷史。

除此之外，宅基地應避開各種風水不吉地段，尤其是各種沖煞之所和有工業污染之地，更為不宜。

◆ 土質的類別和優劣

古代風水學認為，土壤是由三相體系構成，即顆粒（固相）、水（液相）、氣（氣相）組成。根據土壤中三相比例的不同，可區分不同的土壤。現代的土壤學，把土質大致分為三類：砂土類、壤土類和黏土類。

古時民間在建宅時，把地質之土也分成三類：浮土、實土和穴土。浮土為地表之土，實土為深層之土，穴土是位於浮土和實土之間。古人以穴土為吉。

◆ 古人如何判斷宅基地的好壞

宅基地的風水包括水土之質、宅形以及方位三個方面。傳統風水對於水土之質的考察非常慎重，但通常情況採用一個簡單的辦法來判斷，即在預選的宅地打一口井。

這樣做，一來可以瞭解地質結構，推斷土壤的密實性和地基承載力，是否符合建房的要求，二來可以瞭解水質優劣，能有效地避免地下暗流或有害、陰性能量場對人體的傷害。

◆房屋前山脈有五行屬性

在風水學上，山脈按其外形和五行原理，可分為金形山、木形山、水形山、火形山和土形山。無論哪種山形，都以草木旺盛者為吉，光禿荒涼者為凶。

金形山是指圓形、橢圓形和弧形的山形。房屋前有金形山，主富貴榮耀，事業順利，學業有成。

木形山是指山坡陡峭，猶如粗木樁豎立的山形。由於山勢險惡，主兇險之象。

水形山是指山脈連綿如波浪的山形。主頭腦聰明，出學者、謀臣等，或淪為旁門左道。

火形山是指山峰尖削的山形，此山不吉，會影響到家人的精神和情緒。

土形山是指山頂平緩的山形。這是貴人山，主有貴人或長輩扶持，萬事順利。

◆新填平的地方

如果選擇的宅基地是由大水溝或水塘剛填平的，不要立即在上面建房。因為此時的地基還不夠扎實，很可能會發生塌陷或裂開，安全性較差。如果非要用它作宅基地，一定要過一段時間，等地基穩固以後再開始動工。

◆低窪之地

在風水中，水代表「財」，而低窪之地易聚水。但是，如果坡度過於陡峭，會造成「不洩千里」之勢，更加不利於積財。而且，低窪之地的出行交通也不便利：容易積存雨水，造成屋子濕氣過重。

◆填平的廢井

填平的廢井上面並不適合蓋房子，因爲很可能會因爲填土不實導致地下水滲出造成地基不穩定，或者是因當初掘井太深造成地氣枯絕。

把房屋蓋在廢井上，地基的濕氣或枯氣會對家人的健康產生不利的影響。

◆農田

種植過植物的田地，如果要用作宅基地，一定要等農作物收穫完畢後才能動工。不然，遺留在地裡的農作物或樹根等，時間一久腐爛後，會影響地基的穩固。地氣也會受到影響，從而影響到農運的興旺。

◆填平垃圾場

垃圾場的土地由於長期堆放垃圾，所產生的穢氣和細菌都滲入土地深處。如果非要以此處爲宅基地，一定要先進行清理和消毒處理，再把表面的土層挖去丟棄，重新用新土填入。而且，這種地方最好不要用做房屋，否則會影響家人的健康和財運。

◆曾經是醫院

選擇地基的時候，能不能選擇曾經是醫院的宅地呢？答案是不能。原因有以下三個方面：

首先，醫院用地是許多病菌和病人廢棄物的積存之地。

其次，醫院是眾多病人聚集之所，大量黴氣滯留在此。

再次，醫院之中經常有人病故，其死氣不吉，對周邊的氣場有重大影響。

因此把曾經是醫院的地點轉作爲房屋建地，會影響居住者家人的健康，非常不好。

◆曾經是墳地

墳地的陰氣過重，地下由於埋葬屍體也滋生了大量的細菌。如果要把墳地改造成宅基地，必須提前進行清理和消毒，並且擱置一段時間後再進行動工。否則，將會對家運和健康產生不利的影響。

◆曾經是刑場或戰場

曾經用做刑場或發生過戰役的地方，由於長期積存大量的冤氣、殺氣和陰氣，作爲房屋是非常不宜的。除非相隔的時間非常久遠，並且經過清理和法師的超度淨場，才可以再次使用。

◆曾經發生過火災的地方

發生過火災的地方，不僅火氣過盛，其土地中的良好成分更是被改變了。這樣的地方本來不適合蓋房子，但現實中往往會在原址重建房屋。爲了利於風水，在重建時，應將地面以下兩米深的土都挖出不用，另填新土。

◆曾經的屠宰場

屠宰場是宰殺牲口的地方，每天都有大量殺戮，是殺戮之氣很重的地方。動物的血和肢體碎屑進入地底，繁殖了大量的細菌，即使挖土消毒也很難確定是否清除乾淨，對人的神經會產生一定的影響，因此曾經的屠宰場是絕對不適合蓋房子的。

◆宅基地不規則

房屋的地基，以方正或長方形為最佳。但是有些邊角之地，如三角形、L形、T形、十字形、圓形，主人不捨得空放，就在上面加蓋房屋，這樣的房屋是最不適宜人居住的。

尖角之地，不傷人則傷己，對風水非常不利。住在這種類型的房屋裡，會讓人產生緊張、不安的情緒，還容易產生人事方面的問題。

從風水學來說，凡是不整齊方正的宅基地，都有不吉之處。如果想要在這塊地上蓋房的話，必須劃出一塊整齊的地方作為地基，不規則的邊角必須割捨。

裁減下來的零頭地，也不必浪費，可以養花、種菜、栽培果樹，或者植上草皮佈置成庭院，但是，絕不能鋪上水泥。水泥地會和房屋的地基連成一片，地氣渾於一體，使宅基重新變回不吉。

◆別墅宅基地的選擇

別墅的宅基與普通房屋一樣，形狀上要求方正。前窄後寬或前寬後窄的建築基地，在氣勢上就給人不吉的感覺。建築基地宜高出四周，否則容易積聚水氣和陰氣，讓房屋長期處在潮濕陰冷的環境之中，主人易生病。

山間別墅雖以寧靜幽雅為目的，但是，若地勢過於偏僻，四周空曠，人煙稀少，這種環境陽氣稀少，陰氣過重，不宜居住。

◆四周空曠的宅地

四周空曠的宅地，因為沒有鄰居和阻擋，難以藏風聚氣。住在這樣的房屋裡，人會變得孤僻，人緣變差，對於單身人士的桃花運，自然有害無益。如果不急於蓋房屋，可以多等幾年，等附近繁榮起來、人氣

變得充足，再動手蓋房。

　　如果是農村房屋，四周是自己的平日耕作的田地，則可以地氣來補充人氣，不會不吉利。

◆四面臨街的宅地

　　四面臨街的宅地，四面都有氣流在竄動。若房屋蓋在這種地方，就好像是大海孤舟，四周沒有依靠，讓人沒有安全感，難有踏實之感。

　　在這種環境中，人會變得沒有耐性，從而影響事業。尤其是孩子，若長期住在這種房屋中，性格會變得不穩定。

◆梯形宅地

　　梯形的地基，如果梯形很規則，即兩側邊等長，那麼這樣的地基依然是吉地，但是蓋房要特別注意坐向。要把短邊作為大門的位置，讓寬邊作為建築的背向，這樣的佈局有利於蓄氣，自然能積福存財，與方正的建地一樣也屬於吉相。若相反規劃，蓋成前寬後窄型，則對人丁和財運均不利，家運會不斷衰退。

　　如果梯形的兩側邊長短不等，為凶煞之地，對健康和運氣都不利。左邊短，傷家中男性；右邊短，傷家中的女性。

◆三角形的宅基地

　　三角形的宅地最為凶煞，在蓋房子的時候就會發生糾紛，引發意外。因為宅地的氣場無法取得均衡，住在裡面的人會感覺精力日漸消退、容易罹患怪病或重症；對老年人的影響更大。

　　三角宅地還特別容易引起外人覬覦。從感情上來說，容易冒出婚外情、第三者，使婚姻發生變故；在錢財上來說，容易發生發生偷盜、搶劫事件。

◆從宅地環境看富貴吉凶

　　古代風水學認為，以宅地為中心觀察周邊地平面變化情況，可以判斷出該房屋的吉凶。如：宅地的西方高、東方低，稱魯土，多出自賢人和富貴之人。

　　東高西低，稱齊土，不宜經商。北高南低，稱之為晉地，宜人居住。而南高北低，稱為楚土，屬凶，為家門斷絕之地。四方高、中央低，稱之為衛土，主先富後貧，有火災的危險。東南高、西北低，陰陽相剋，災禍最多。

別太鐵齒　你至少要懂的開店風水學

◆理想房屋

　　古代人挑選房屋時，首先要看地理環境，所謂「負陰抱陽，背山面水」，講究龍、砂、穴、水、向五個方面的環境構成。龍，即背後所靠連綿大山；砂，四周包圍的低矮小丘；穴，風水之所聚集之處；水，門前有曲折之河；向，即房屋的坐向所朝。

　　具體而言，北面有連綿的群山爲依靠，南面有呼應的低山小丘，左右兩側有小山相護衛，中間部分開闊寬敞，前面有曲折流水相環繞。理想房屋的背後有群山，可以抵禦多天北來的寒風，前面有水，可以接納夏天的涼風，生活用水也極爲便利；左右有小山護衛，形成相對封閉的空間，可以形成良好的局部小氣候。

　　這種佈局非常適合中國古代自給自足的農業耕作模式，因此成爲一種良宅的標準。

◆挑選旺宅

　　所謂旺宅就是使人接受天地靈氣並且能避免不良因素干擾的房屋，這是中國傳統哲學中所提倡的「天入合一」的具體體現，也是中國人所追求的理想房屋。在挑選旺宅的時候，需要注意藏風聚氣、山懷水抱、龍真穴的三大要素。

　　藏風聚氣，即尋找一個相對封閉的環境，目的是爲了留住天地靈氣。山環水抱，類以「藏風聚氣」，即使山水靈氣有控制地進入並留下。龍真穴的，即找到一個能最大限度接受天地精華的地方，達到人傑地靈的境界。

◆中西建築理念

　　西方古建築，以「堅固、美觀」爲原則，在外形上力求優雅之美；在功能上力求堅固，能夠流傳千古。而中國古建築，則以空間的舒適與陰陽調和爲原則，即萬物負陰而抱陽，沖氣以爲和」。爲達到「陰陽和合」這個目標，建築的規模就不能太大，建築的高度也不宜太高，在材質上，陰陽適中的「土木」結構自然爲最佳選擇。

◆中國古建築

　　中國人講究陰陽五行，古建築也不例外。五行與方位相對應，土代表中央，代表承載萬物、養育萬物的大地；木代表春天和東方，象徵生命與生長的力量；水象徵北方，具有厭火的象徵，金象徵西方，也象徵武力與刑殺。

　　在五行之中，只有土和木適宜作爲建築材料。因此，中國古建築大多以土爲基，以木柱、木梁作爲支架，構建成可供居住的空間。

◆中國的風水建築

　　風水學上的理想房屋，要坐落在丘陵和山地之前，背後的山丘上應有樹木覆蓋，稱之爲風水林。從現代科學角度來看，這些山丘和風水林還有避雷針的作用，可以最大限度地消除雷電的災難後果，從而保證建築的安全。

　　另一方面，對於土質水質的考察，也讓建築免於在河患、山洪、地震等自然災難中毀壞。因此，許多古代建築才能夠流傳下來。

◆背後有山，前有環水

　　在風水學中，理想居住環境爲：背後有山，前面環水，「左青

龍、右白虎、前朱雀、後玄武」。從科學角度來說，由於地處於山地陽坡的前方，陽光充足；三面有山環抱，可阻擋冬季的西北寒風侵入，南方的開口，則可讓夏季溫暖的東南季風順利進入，帶來充足的降水。由於三面環山，流水會把山上的表土沖積下來，前方朱雀讓山上沖下來的土壤不致流走。這樣的地形，對於古人的生產活動無疑是非常有利的。

風水學認爲，房屋前有曲折環抱之水，爲吉利之風水。所謂水能聚氣，有水方有財。從科學的角度來看，「玉帶環腰」之水，一來可以讓房屋環境保證一定的濕度，二來可以固土擴地，有利於農業生產。

河水是夾雜著泥沙而來的，一面侵蝕，一面沉積，環抱這邊河岸，泥土堆積擴展，反弓一邊則不斷被侵蝕。沖積平原，無疑是最有利於農業生產的土壤。

◆開門見河，開門見山

在風水中，水是主財的，山環水抱爲吉地。但是，如果河流距離房屋過近，或者房屋門前有排水溝經過，由於污染的原因，和潮濕之氣相滲透，對人體健康不利。從風水的角度來看，如果河流從門前直流而過，還會把財氣流走，是破財之兆。

「悠然見南山」是一種優美的意境，對居住來說並非不吉。但是，如果開門就見到大山，即山距房屋很近，難免有壓迫之感，家居的氣場也會受到影響，停滯不暢，對家人健康不利。常要背山而建，才能背後有靠，屬風水吉宅。

◆開門見高樓

如果房屋對面是一座高樓，比自己的房屋高出很多，並且距離在15米以內的話，就會造成「奴欺主」之象，例如：家裡小孩子不聽話、公司下屬不聽指揮、事業家庭均不順利，易生有心無力之感。

◆水聚明堂

明堂就是指房屋的前方，水聚明堂是指房屋前方有水聚集，這「水」指的是江河湖泊，水清則吉。在風水學上，水主財；水聚明堂，就是財氣聚集。

如果房屋前沒有天然水源，可以修築水池，仍有效果。明堂之水只有清澈才是吉利，如果水流混濁不堪或者污穢骯髒，會影響財運，主破財。

如果推開門就看到水，就形成「割腳煞」，雖有財氣，但流動過快，財氣無法積累聚集，所以，房屋前的水不宜和房屋距離過近。

如果房屋懸空建於水上，或者建在懸崖邊上，開門就可以看到下面的水，那是非常不吉的，而且家人缺乏安全感，長期居住會造成神經緊張、衰弱，做事貪圖僥倖。

◆五行選宅

風水選擇要以五行方位為依據。不同的人，他命中的好方位也是不同的，每個人都要根據自己的生辰八字選擇適合自己的方位。

出生在春天的人，屬木。木剋土，利於火金。所以應該選擇南方、西南方，房屋建築應該坐北朝南或坐東北朝向西南。

出生在夏天的人，屬火。火剋金，利於水。所以應該選擇北方、西北南方，房屋建築應該坐南朝北或坐東南朝向西北。

出生在秋天的人，屬金。金剋木，利於火。所以應該選擇南方，房屋建築應該坐北朝南。

出生在冬天的人，屬水。水剋火，利於木。所以應該選擇南方、東南方，房屋建築應該坐北朝南或坐西北朝向西南。

◆宅前有地下道

房屋如果對著地下道，會妨礙氣脈的正常流通，並且大門前的氣場也會受到極大的亂流干擾，對房屋裡面居住的人的人際關係造成不良影響，而且財氣也會受到阻擋，風水極為不吉，不宜居住。

◆吉水

對於河流的形態，風水上認為這樣是最吉的：來時蜿蜒曲折，宅前圍環相抱，去時回顧不捨。河流來時，不宜直沖而來，河流去時，不宜直奔而去，因為「河水之彎曲乃龍氣之聚會也」，曲折才能聚氣。

風水學對於河水的奔流和河水的質地也有所講究，古人對此作了詳細的闡述：「海水，以潮高水白為吉；江水，其勢浩蕩，彎抱屈曲為吉，湖水，萬頃平鏡，濱之均吉；溪水，屈曲環繞，聚注深緩為吉；池塘，天然為貴，人工次之；泉水，味甘，色瑩、氣香，四時不涸為佳泉，冷、噴、漏和瀑布泉為凶泉。」

可見，古人以靜水流深為吉，以咆哮急流為凶；以清澈甘甜為吉，以渾濁苦澀為凶。其實，這與人體的健康息息相關，已經是環境科學的範疇了。

◆宅前有水

很多人都認為，水主財，因此門前有水就是吉。其實不然，只有那些彎曲而來的小河才為吉，且要配合河流的八卦方位。如果門前的河流過大，或浩蕩或湍急，則會產生大量噪音和濕氣，讓人有不安全感，容易導致神經衰弱、睡眠不好等問題，對財運也會造成不利影響。如果大河與房屋距離超過百米，對房屋的影響就很小了。

◆內曲之水

　　風水古籍中說：「水抱邊可尋地，水反邊不可下。」意思是說，房屋前面若有彎曲的河流，在河曲內部的房屋為吉地，在河曲外側的房屋則不吉。因此，古人常在河流弓形內側選地建房，房屋的三面均有河流環繞著，這種地形被稱為「金城環抱」，為大吉，為何稱為「金城」，這是因為圓形屬金，且金生水，可以生旺房屋財運。

　　運用現代地理知識，我們知道弓形河流因地球自轉的偏心力會不斷向外擴展，住在河曲之內，相對來說沒有洪水之患，並且土地不斷向發展，是為吉象。而住在河曲之外，由於河流沖刷，門前土地面積不斷退縮，有「退散田園守困窮」之象，為不吉。

◆房屋在噴水池旁

　　為了旺財，一些房屋旁會設置噴水池，但如果噴水池設置不當，則有可能引發疾病和是非。所以一定要注意噴水池在宅命盤中的位置。

　　另外噴水池還可能製造雜訊，如使用不當，會對宅主造成極大的精神壓力。因而噴水池不宜採用過激烈的噴水方法，而應以噴出柔和弧線的水流為佳。

◆水溝穿過房屋

　　有些房屋建造在水溝之上，或是有突出的房屋臨於水面，這樣的房屋風水差。水在房下流過，不僅犯了「地底穿心煞」，還存在可能落水的危險暗示，水溝的廢氣和濕氣更是隨時影響人的身心健康。

◆宅前是地下停車場入口

　　地下停車場的入口，看起來像個張開的大嘴，是氣往下泄的地

方，如果房屋正對著這個入口，會引起家中財氣外泄，對財運不利；並且停車場裡車來車往，會引起周圍氣流變幻不定，家中必然難以聚氣，令家人在事業上不易獲得發展。遇到這種情況，必須想辦法加以化解。而五層以上的建築，則無關緊要。

◆面朝大海

住在大海邊，是很多人的夢想。但實際上，房屋距離大海過近，空氣中會有大量的濕氣和鹽分，長期在這種環境居住對人的身體健康並沒有好處。因此，海邊的房屋只適合度假或短期居住。

◆宅前有樹

房屋前適當種些樹木，可以藏風聚氣，對家居運程非常有利。古代風水典籍上說：「宅基背後要圓高，後擁前平積富豪，四畔俱是栽竹木，綿綿富貴得堅牢。」意思是說，只要房屋地基選得合適，在周圍四面栽種竹子和樹木，便是大貴之地。

但是，普通的房屋如果門前有太多的大樹，遮蔽天日，就會滋生陰氣；特別是在郊野之中，民居稀少之處，更不宜在房屋四周種植大樹，以免削弱房屋的陽氣。

大門不宜正對一棵大樹，這會妨礙家居氣流的流通，雷雨天氣還會招引雷擊，秋天大量落葉也會造成蕭條之感。

房屋外的大樹以枝葉繁茂為吉，如果出現枯樹或死樹，應及時清除，不然就會出現煞氣，破壞風水。

◆房屋八大吉樹

你知道對於房屋而言，八大吉樹分別是哪些嗎？在風水學中，房屋的八大吉樹是：

1. 棕櫚樹

　　有觀賞價值，棕毛可入藥，在風水上有生財、護財的作用。

2. 橘子樹

　　橘與「吉」字音相近，象徵吉祥如意。橘子是金黃色，有喜慶的味道。

3. 槐樹

　　在風水上代表「祿」，主官運。由於槐樹有威嚴，也可用來鎮宅。

4. 椿樹

　　椿樹是長壽的象徵，在風水上有護宅和祈壽的作用。

5. 棗樹

　　棗與「早」同音，喻凡事快人一步，或早生貴子。

6. 石榴

　　有多子多富之義，有富貴運。

7. 梅

　　花開五瓣，清高富貴。

8. 椿樹

　　象徵有「容」乃大，可以提高涵養。

◆門前左右有大樹

　　大樹如果生長在房屋大門的左手邊，左為青龍方，故稱為「青龍樹」。青龍樹，有扶蔭房屋的功效，代表男性貴人。

　　如果大樹位於房屋的右手邊，右為白虎方，故稱為「白虎樹」，如果房屋的左方無樹或樹形相對較為矮小，則代表陰人宅，即家中女性當權，或女性有桃花纏繞，對家庭關係來說，不是很吉。即使家主命裡喜木，也應將此樹除去或鋸短。

◆道路與房屋風水

現代房屋門前很少有江河湖泊，取而代之的是許多縱橫交錯的道路。在風水學上，道路也可以被看做爲「水」。

因爲道路也是氣的流動，車流來往，人流湧動，就相當於水流。因此，道路和河流有一致的風水特性。

比如，門前有內弓道路爲吉，有反弓道路爲凶；門前道路橫向爲佳，直沖而來則爲凶。風水佳的道路，可以爲房屋招財，興旺事業；風水差的道路，則會帶來破財之災，或有意外發生。

房屋如果有道路沖煞，就不宜居住，如果不能搬遷，就要想辦法化解煞氣。

◆前高後低的地方

房屋前面的地勢比房屋後面的地勢要高，有節節敗退之象，是不吉利的地理環境。如果選擇這種房屋在雨天還要注意排水的問題，否則就會造成財產的損失。反之，如果房屋後面的地勢比房屋前面的地勢要高，則爲吉。

◆道路斜衝的房屋

如果在房屋的側面或後面有道路直衝而來，通常都是不好的風水。但是，如果路沖方向與房屋的八卦旺位非常契合，則會愈衝愈旺。不過，這種房屋極少，最好還是迴避這種路沖的房屋。道路斜衝的房屋在也有被人挖牆腳之意，通常都會遇到原因不明的損失。

◆山間別墅的前方有陡坡

依山而建的獨棟別墅，講究的是景觀和視野，因此房屋背後的地

勢通常較高，而前面地勢較低。但是房屋前面的坡宜緩降，忌諱層層下陷或急降的坡，最不宜的是懸崖峭壁，會使房屋的氣一瀉千里。

前高後低的獨棟別墅，在風水上更為不吉。如果房屋後面為急降坡，甚至是懸崖，會讓人產生恐懼感，房屋的安全也難以保障。

◆房屋四周有排水溝

排水溝裡面全是污濁之水和廢棄之水，聚集著污穢之氣和廢氣，不僅會產生味煞，也對人體的健康非常不利。如果房屋的四周都有排水溝，除了上述不利之外，還會讓房屋氣運隨水流走，有傷事業運和財運，可謂凶宅。

如果只是房屋的一邊有排水溝，或者房屋兩邊有水溝相交成直角，對房屋的不利影響較微。

◆房屋在河流出口處

有些房屋建在已經乾枯的河流出口處，從風水的角度講是不吉的地形。這種地質屬於沖積平原，地質結構不穩定，在此居住安全有隱患。而且，河流的出口處曾經是氣流散出之口，房屋的地氣容易散發，無法凝聚，長久居住對家運、健康均不利。

◆房屋在天橋旁邊

住在天橋或者高架路旁邊的房屋，一是車輛經過時產生的振動很大，二是噪音很大，三是污染較重。長期居住在這種環境中，飽受噪音污染，容易造成神經衰弱。如果房屋恰好位於天橋或者高架路的回彎之處，猶如遇到一把鐮刀切過來，更是不吉的風水。

◆山上房屋以前低後高為佳

風水上說山環水抱，以山體爲靠，前低後高，猶如在山的懷抱之中，給人以極大安全感。在氣象環境上，便於採光和通風。從視野上來說，前方開闊，讓人心胸豁達，情緒放鬆。

由於房屋在山上，前方必然有坡。此坡宜緩不宜陡，否則有一種懸空之感，造成心理壓力；況且於出行也不便，陡坡必多設階梯，還會造成老年人行走不便。

◆房屋後面不宜有哪種山

依山傍水是房屋的理想格局，但是，有一種山形不宜作爲房屋的「靠山」。這種山的山形猙獰，怪石嶙峋，植物稀疏，殺氣騰騰，給人以荒涼、破敗之感，風水上稱其爲「廉貞山」。

這樣的山，缺乏滋養和溫潤，不適宜生命的生長。風水學上把它稱爲窮山惡水之地，象徵著枯竭、衰敗之氣。

◆山上房屋不宜在山頂或懸崖邊

山頂上人煙稀少，四周空曠，陽氣不足，會生孤獨沉悶之感；且山頂受強風侵襲，氣場不穩定，不宜居住。

在懸崖邊上居住，險象環生，沒有安全感；且地質結構不穩定，不宜居住。如果家中有小孩，更容易出現意外之災。

◆房屋旁邊有池塘

如果房屋前方左右各有一個池塘，此爲凶煞之形，主淫亂。俗話說：「龍虎腳上池，淫亂定無疑。」

房屋前後各有一個池塘，也是極凶之煞形，破財損丁，兒童多溺亡。俗話說：「前塘及後塘，兒孫定少亡。」

如果若房屋附近的池塘一大一小相連，也爲凶煞之形，主病災，

男主人有凶災。俗話說：「上塘連下塘，寡婦守空房，大塘連小塘，疾病不離床。」

◆同一樓房不同單位的風水

　　現代社區每棟樓都有獨立的大門，樓內又有上下的電梯和樓梯，每一層樓又有幾戶住家，每一戶住家又有各自的大門，進入房屋內後每個房間的朝向和佈局均有所差異，如果以每戶的大門為此宅的坐向，每個單位的風水都會有所差別。

　　另外，房屋的樓層與五行也有著密切的關係，一樓屬水、二樓屬火、三樓屬木、四樓屬金、五樓屬土，以此類推。因此，每層樓的每一戶都會因為樓宇的五行與居住者自身五行的相生相剋關係，而有不同的風水。

V房屋外觀

◆房屋形狀

在傳統的風水建築學中，方形房屋是平衡的代表，可以保證屋內氣流、能量的正常流動，不至於帶來災禍和病患，以保證家庭成員的生命健康。而奇形怪狀和損位缺角的房屋，其內部之氣便會停滯或流動無規律，導致能量場的分佈不均衡，就會對宅主的身心健康及日常生活造成影響。

如果房屋的外形是三角形，外形看起來像個斧頭，尤其是處於三角形尖端的房屋，更是代表著燥烈，不適宜用來當房屋或者辦公室，只適合來做儲藏室。

外形窄長、單薄的房屋，由於寬度不夠，正面能力不能積累，所以會使得「元氣」不足，對財氣的聚集十分不利。

左圖：房屋造型如人下跪，社含地位低落。

中圖：房屋造型像人後面背個包袱，代表家中賺錢不易。

右圖：建築立面做成墓碑狀造型，住裡面的人易遭不測。派出所蓋成這樣，員警常鬧自殺。

◆屋頂形狀

現在流行的一些仿歐美情調建築的房屋往往容易出現風水問題，因為它們過於極端的斜坡和造型的屋頂形成凶相，從而惡化房屋風水。

1. 過於尖銳的屋頂

　　傾斜度很大的三角屋頂或一面坡的屋頂，被稱為「寒肩屋」，是不利於財氣聚集的風水格局。屋頂越尖，負面影響也越大。傾斜度很大的三角形屋頂，會使屋內屋外的氣流變得異常；一面坡的屋頂會使外氣的攝取產生偏頗，令身體的頻率變得不平衡。長期居住在這種變形的屋頂之下，容易變得神經質、歇斯底里，最終抑鬱成疾。

2. 圓形屋頂

　　屋頂是圓形的建築也不適合作房屋，在古代，圓形的建築多為陵墓、墳墓、道觀、廟宇、祠堂等，故而不吉利。

　　無論屋頂是什麼形狀，只要漏水就是凶相，所以一定要及時修理。因此，在屋頂建游泳池是不利於房屋風水的。

　　屋頂的顏色宜採用常用的顏色，如果採用一些不入流的顏色，不僅會影響風水，更會引來非議。

屋頂長草是荒蕪的景象，▶

可能對宅主運勢不利。

◆房屋形狀上大下小

　　如果房屋房屋出現上大下小的形狀，就是非常差的風水，應該極力避免，最好不要選擇居住。上大下小的房屋會讓人感覺到建築的頭重腳輕，總感覺容易傾斜，整體不平衡。如果長期居住在此，必然會嚴重影響家居風水，讓人心神不寧，甚至會走霉運。遇到這樣的情況，應該儘早搬出去。如果無法搬出這類房屋時，也應立刻對房屋的現狀進行改進。可以從樓上端突出的部分往地下打基礎柱，或者用牆來掩飾凹陷的部分，還可以用金屬條做成的格子來裝飾凹陷的部分。總之，只要不讓人看出房

屋是上大下小的格局，就是成功將風水調整過來了。

◆不利的建築外觀

房屋的外觀形狀如果過於奇特和怪異，便失去了中國人傳統信奉的中庸之道，不容易聚財，還會有很大的負面影響。

對於外牆爬滿爬山虎之類攀藤植物的房屋，不利於事業發展，也不利於身體健康，而且濃密程度與負面影響力成正比。

有的房屋外牆有剝落、崩裂現象，甚至鋼筋外露，這些都是退敗的表現，這樣的損毀程度與負面影響力成正比。如果損毀的部位正好位於房屋的吉方，則破壞力更強。

◆三合院

三合院是傳統的中國式房屋，從主屋來看，位於左手（青龍）、右手（白虎）的房屋呈現井然有序的狀態，是仿照龍穴的模式建造的，現吉形。

◆曲尺屋

曲尺屋就是形狀好像曲尺般的房屋，從主屋來看，無論向右彎成向左彎，都會產生凶的作用。居住在裡面的人，容易產生手腳痛或容易生病。對男女都不利。家族中有人會背井離鄉，前往外地。

◆反曲尺屋

在主屋的後方有像曲尺之形般的另一棟房屋。住在這種形狀的房屋中的人除了金錢的損失和健康容易出現問題以外，人際關係方面也會因為反目、對立、不合而煩惱。另外這種屋形很容易和位於主屋之前的曲尺屋混同，要特別注意。

◆推車屋

　　這種宅形令人聯想到手推車的形狀，主屋後放有兩棟與主屋成垂直的房屋。這種房屋的主人不會把金錢分給家人，會拋妻棄子逃亡，恐怕會家破人亡，遭遇破產的慘況。

◆槌胸屋

　　從主屋來看，右手邊與其他呈鑰匙形的房屋相通，家人會有口腔疼痛、消化不良的煩惱，也會出現忤逆雙親的不孝子，很難出現好的後代。

◆忤逆屋

　　沒有左右的關係，又與主屋直角相連著另一棟房屋，而且在其外側又有一棟反直角形狀的房屋，這種宅形容易生養不孝子，形成無法互相理解的親子關係。

◆川字屋

　　三棟房屋並列，各棟互有牽連，成為「川」字形的房屋。住在這種宅形的房屋的女性容易流產墮胎，健康受損，無法遇到好姻緣，會和配偶離婚，嘗到孤單滋味。

◆丁字屋

　　主屋和另一棟房屋呈「丁」字形排列房屋，又稱「沖丁煞」。住在這種宅形的房屋中，易忤逆師長，行為放蕩，有招致災禍，身體損傷的危險。

◆工字屋

主屋分別被兩側的房屋所夾住，呈「工」字形。住在這種形狀的房屋中的人容易患腳疾，女性則容易難產、受傷或生病。

◆亡字屋

主屋與另一棟房屋有連接的房屋，缺青龍邊戲白虎邊，形成「亡」字行。家運盛衰不定，最終會一敗塗地。雖然類似三合院，但是它的特徵是主屋分離，又與另一棟房屋互有聯繫，為凶形。

◆扛轎屋

所謂「扛轎」就是兩個人或四個人搬運物品的工具，在主屋前方和後方，共有四棟房屋的房屋。住在這種屋形的房屋裡面人不僅會有金錢上的損失、易患疾病、受傷，而且糾紛不斷，在不安與顫慄中過日子。

◆單耳房

主屋旁邊有一棟小房屋的房屋，令人聯想只有一隻耳朵的模樣，因此命名。除了住在房屋裡面的人，連家畜及寵物都會產生健康方面的問題。

◆雙耳房

主屋兩旁分別與兩棟小屋相連，有如主屋是臉，兩旁小屋是耳朵的形狀。住在這種房屋裡面家庭內糾紛不斷，恐有流血的紛爭，健康方面，容易患腫瘤。

◆雙口屋

　　一棟房屋有兩個玄關，意味著親子之間的關係淡薄。小孩對雙親不孝，親子之間形勢險惡。這種建築常見於現代兩代人同堂的房屋。

◆停喪屋

　　主屋首方偏左或偏右處有一棟小屋成倉庫之類的建築，這種房屋會導致災禍接二連三地發生，興建小屋時，千萬不能漫不經心。

◆塞胸屋

　　基本上屬三合院建築，但是主屋正面中庭另有一棟建築物。這種設計就好像腳口被塞住一樣，居住者的心情總是開朗不了，悶悶不樂，容易患眼疾、頭痛、墮胎、難產等疾病。

◆射肋屋

　　所謂「射肋」就是指左手或者右手的肋下遭受攻擊的形狀。射肋屋就是指主屋與另一棟房屋的位置即不平行也不垂直，而是呈斜邊的房屋。住在這棟房屋裡面的人容易患手腳疾、風濕痛。神經痛，此外，也會有腰及大腿的損傷、骨折、肝臟及肺臟的毛病、咳血的煩惱。

◆鵝頭直射

　　就好像鵝的頭射到門一樣，建築物屋頂的頭部朝向房屋的入口或玄關。暗示住在這間房屋的人可能發生頭部、眼部的疾病，訴訟及法律上的糾紛，盜竊、健康方面的損傷等。

◆有龍無虎

從主屋的方向，左前方有另一棟房屋，主屋沒有和另一棟房屋連接，並不構成鑰匙形。這種房屋會使家中的女性和老人陷入勞苦之境。

◆白虎抬頭

主屋的右手或左手旁邊有另一棟直角連接的房屋，而且此屋比主屋還高，與仵逆屋類似。要特別注意與主屋分離的另一棟房屋比較高一點。住入這種房屋，家人有血光之災，也可能遭受金錢上的損失。

◆前面破碎

房屋的首方或者後方有空屋，或是有堆置木頭，工具、雜物的場所等。住進這種房屋的人存不了錢，疾病會慢慢惡化，家人會分離，沒辦法安心。

◆前後有枯樹

也就是房屋的前方或後方有枯樹。住在這種房屋中的人容易患腫瘤、氣喘，生命力低落，甚至可能走到自殺的地步。

◆陰陽配合式

陰陽配合恰當的房屋，主屋與另外一棟房屋整齊並列，其中主屋或者後面的房屋高一點為吉，與此相反的形狀則凶。

◆窯洞

窯洞是黃土高原上特有的一種民居形式，也是一種很古老的居住方式，它是在黃土斷崖地區挖掘橫向洞穴作為居室。

窯洞具有施工簡便、造價低廉、冬暖夏涼、不破壞生態、不佔用良田等優點，雖然存在採光及通風方面的缺陷，但在中國北方少雨的黃

土地區，仍爲人們慣用的民居形式。

按構築方式可分爲三種：靠崖窯、平地窯、錮窯。靠崖窯即是利用天然土壁挖出的券頂式橫穴，可單孔，可多孔，還可結合地面房屋形成院落；平地窯又稱地坑院、地窖院、暗莊子。即在平地上向下挖深坑，使之形成人工土壁，然後在坑底各個方向的土壁上縱深挖掘窯洞，也可以說是豎窯與橫窯結合而成的民居。錮窯爲在平地上以磚石或土坯等方式建造的獨立窯洞，窯頂上敷土做成平頂房，以曬晾糧食。

目前中國的窯洞民居大致集中在五個地區：晉中、豫西、隴東、陝北、冀西北。

◆幹欄式民居

中國南方少數民族生活的地方炎熱多雨，因此其典型的傳統民居是幹欄式民居。

幹欄式民居主要是用木爲樑柱搭成的簡易小樓式建築，也有部分地區使用竹木料代替木料的。幹欄式民居的上層住人，下層爲牲畜圈或雜物間。這種底層空出作爲他用而不住人的形式，是幹欄式民居的最大的一個特點。

幹欄式建築多建於地勢較高的坡地上，儘量不占或少占耕地。爲爭取更多的生存空間，他們充分利用山區的自然地貌，創造了靈活多變的建築形式，形成造型美觀、風格獨具的幹欄式民居。

中國使用幹欄式民居的少數民族很多，主要有傣族、侗族、景頗族、哈尼族、布依族、佤族、苗族、瑤族、壯族等。

◆金形宅外觀

風水學中，金主收斂、義氣、收成、肅清、剛正、清白、聚集、凝結、負責、嫉惡等。

金形宅是指那些外觀方正的房屋。金爲武曲星，象徵收斂、聚集、凝結、義氣、收成、肅清、剛正、清白、負責、嫉惡。金色主白，因此金形宅的外觀顏色，宜用白色系列；因土能生金，黃色系列亦可。不可用火紅之色，火剋金。金形宅的大門，不可細長，因細長屬木形，金剋木；也不可呈尖形，因火剋金。住在金形房屋中的人，適合從事金融、司法、財經、廣電等行業。

◆木形宅外觀

木形宅的五行顏色是綠色，主體建物的顏色不宜全用白色，因爲金剋木。窗戶、大門的形狀上，宜用長方形或圓形，大概是因爲圓形屬水，而水生木業。另外大門的形狀不宜扁平形，因木會剋土也，必主不發。在從事行業上，木形宅適宜教育、服飾、創意、文藝、研發等等。根據木形宅的特性，就主頑固、勞碌、創新、冒險、果斷、自大、才幹、文筆、突破、反應快。

◆水形宅外觀

水形宅是指外觀呈圓形或波浪形的房屋。水爲文曲星，象徵親和力、樂觀、享受、構思、挑剔、服務、收藏、滋潤、漂泊、桃花。

水主黑色，因此水形宅的外觀顏色可用白色和黑色，因金生水；但不宜全爲黑色，一來黑色屬陰，不利房屋；二來水多木浮，不宜氾濫；而且黑色不吉，少用爲佳。水形宅的門窗形狀，不宜爲扁平狀，因土剋水；可用長方形或圓形，水木相生。

住在水形房屋中的人，適合從事服務業、百貨、保險、金融等行業。

◆火形宅外觀

火形宅是指外觀呈尖形，或參差不齊、多稜角的房屋。火為廉貞星，象徵衝動、得意、無節制、虛榮、效忠、慈善、多事、賭性、虎頭蛇尾。火為紅色，因此，火形宅的外牆宜用紅色或綠色、藍色，木能生火；不宜漆有黑色，水剋火；也不宜全為白色，火剋金。大門和窗戶的形狀，不能用圓形或弓形，因水剋火。住在火形房屋中的人，可從事期貨、股票、軍人、員警、保全、娛樂等行業。

◆土形宅外觀

　　土形宅是指外觀敦厚穩重的房屋。土為巨門星，象徵包容、執著、謀略、保密、木訥、感性、整合、忍讓、蓄藏、剛直。土主黃色，因此，土形宅的外牆可用黃色或紅色，因火能生土；不宜用綠色和藍色，因木剋土，土剋水。門窗的形狀，不宜用長方形，因木剋土，家運不達；可用方形，土金相生。住在土形房屋中的人，可從事政治、公職、幕僚、農林牧等行業。

VI 大廈與樓層

◆選擇大廈要注意

購買大廈時，要注意的風水問題很多，但最基本的有幾條：

1. 不宜有強風吹襲

風水學講究「藏風聚氣」，風勢強勁的話，旺氣無法停留。理想的風勢是微風徐來。

2. 有充足的光照時間

陽光足，則陽氣足。陰暗的房屋，陰氣滋生，不宜居住。

3. 沒有各類沖煞。

4. 洗手間不在房屋中心

屋中心不宜受汙，破財損丁，購買之後難以改造，所以要注意。

◆選擇樓層

除了可以依據生肖選擇樓層之外，其他一些因素也要考慮在內，如通風採光、生活便利等狀況，是最值得關注的因素之一。

高層的樓房，無其他遮擋，有良好的通風和採光，但上下不便，適合在家時間較短的中青年居住，而低層的樓房，因上下樓方便，更適宜老年人居住，便於戶外活動。

但是，底層干擾大、環境差、易潮濕，而頂層出行不便、防熱差、供水不足等，因此應儘量選擇總層數的1／3以上、2／3以下的那部分為佳。

◆房屋缺角

中國古代房屋講究方方正正，如果房屋缺角，就會對住在裡面的

人產生不利的影響，因此在選擇房屋的時候，不能選擇缺角的房屋。如果已經住進缺角的房屋，就要想辦法來化解。

房屋的缺角方位，與家人的健康有著對應關係，具體見下表。

缺角方位	五行屬性	病發部位	代表家人
西北方	金	頭、肺	老年男性
西南方	土	腹、脾、胃	老年女性
東方	木	足、肝、髮、喉	長男
東南方	木	肢、股、氣	長女
北方	水	耳、血、腎	中男
南方	火	目、心	中女
東北方	土	手、骨、鼻、背	少男
西方	土	舌、口、喉、肺	少女

一座房屋的缺角如果超過了房屋面積的1／4，就會對家人產生不利影響。

如果房屋有缺角，可以在屋外缺角方位的空地上種植一些常綠植物，或者裝上一盞燈，燈的顏色有講究，必須依照所缺方位的五行來決定。用這些措施可以提升這些缺角之處的地氣。

房屋形成缺角，大多是建築物為講究外形而導致的，也可以修建其他建築來彌補，房屋增建的部分，可以用做儲藏室。

◆孤立高聳的高樓

四周無所依靠的獨立高樓，樓層越高，越顯孤單無依。住在這樣的房屋中，難以開運，並且容易滋生出孤僻、冷漠、自以為是的性格，影響人際關係和事業的發展。

另外，還有一種情況就是不住在這種孤絕的高樓裡，但是正對著這種建築，同樣是不吉利的建築。

◆冷清衰敗的社區

如果一個社區或是大樓，大部分住戶都已搬走了，或是新的社區住戶還不是很多，這時就會顯得冷清衰敗，人氣不旺。這樣的地方，衰運已經形成，很難有發展；而且由於空屋過多，容易召來一些流浪漢聚集，對房屋安全也非常不利，選擇房屋時千萬不要貪便宜就勉強選擇這樣的地方。

◆水火忌十字

水火忌十字中的水，是指房屋中的廁所，火指廚房。水火不留十字線，意思是說廚房和廚房不能在房屋的正前、正後、正左、正右和中心點位置。因為，廁所是污穢之地，屬孤陰，宜居不利之方，廚房是煮食之地，獨陽之方，要居有利之方。由於現代建築的廚廁是固定的，因此在購買前要考察清楚。

水火相犯，易生不如意之事，財運反復，疾病叢生，桃花是非多等。房屋的十字，為陰陽不調，易患排泄、頭、眼、口、手腳等方面的疾病。

◆房屋的大小

房屋的大小要適中，並非越大越好。房屋的大小選擇要根據居住的人數而決定，房屋大而人少，空曠缺人氣，則陰盛而陽乏，主暗病糾

纏，陰靈寄居；房屋小而人多，空間擁護，陽盛而陰少，主家人脾氣暴躁，官司是非多.

◆樓房的五行屬性

樓房的五行屬性，通常根據其外形來劃分：

外形為圓形、半圓形的樓房，五行屬金。

外形為長方形、L形的樓房，五行屬木。

外形為波浪形或幾個圓形處於一處的樓房，五行屬水。

外形為三角形、尖銳形的樓房，五行屬火。

外形為四方形、井字形的樓房，五行屬土。

◆樓房「藏風聚氣」

在現代城市中，通常沒有真正的山環水抱的居住環境。但風水學認為，有形即有靈，樓房周圍的建築物即是山，馬路即是水。如果樓房後面有高樓大廈作為「靠山」，左右有大廈環抱擋風，前方有馬路環繞而過，也可視為「山環水抱」的格局。

相反，附近沒有其他高樓擋風的孤聳之樓，或者過於低矮的住房，或風速太強或空氣停滯，應儘量避免。

◆大廈前的門燈

有的大廈在大門口兩旁設有兩盞門燈，這對風水是有幫助的，但是必須要找出最佳位置和合適高度。夜間燈要點亮，不可損壞熄滅。如果有不亮的燈泡要及時檢修和更換，不可只留一盞發光，在風水上為不吉之象。

◆新搬家要「暖房」

通常在搬新家之後，要找親朋好友前來相聚，用以暖房旺氣。從生活方面講，親友相聚可敘親情，也可讓大家熟悉你新家的位置。

從風水的角度講，新房缺乏人氣和陽氣，長期不居住的房屋也有一種冷清死寂之氣，而找朋友相聚可以讓眾人的運勢來啟動新房的氣場，從而增強房屋的能量。

◆樓房的青龍與白虎

理想房屋為：左有青龍，右有白虎，以「龍強虎弱」為吉。在城市中，大廈也可為「山」，因此，大廈的左右方各有樓房，也為吉地。龍強虎弱分為四種情況：

1. 龍起虎伏

即左方小山或樓屋較高，而右方較低。

2. 龍長虎短

即左方較為長闊，右邊較為短窄。

3. 龍近虎遠

即左方距自己較近，而右方較遠。

4. 龍盛虎衰

即左方樓宇較多，右方樓宇稀少。

◆樓房的「靠山」

房屋以背山面水為吉，大廈的後方也要有靠，宜坐實朝空。即大廈背後有山，或者有其他高大寬闊的樓房，這就等於是坐實。

如果大廈後方有多座形體相近的樓房，因其數量眾多，也屬靠山。若背後有一座矮山丘，因其是天然之山，力量強大，也為吉。但是，若背後樓房比本身矮小、稀少，便屬靠山無力。

◆豪宅門前有多條小路

有些豪華的房屋，在大門前開闢了好幾條通往不同方向的道路。這樣做，可能是爲了視覺上的美觀或者行走的便利，但是，這些道路若形成「反弓煞」對門，便是大凶之象；如果再有一條直路與弓形路交叉而直指向門，便形成了「一箭穿心」之煞，更爲兇險。

因此，房屋前的路不宜過多，若要形成曲折回環之勢，切忌造成反弓。

◆房屋朝向與陽臺

西向的房屋之所以風水不好，主要是因爲夏季下午的陽光直射入屋內，午後陽光毒性較強。但是，如果西向房屋有一個大陽臺，陽光先照到陽臺，再折射入屋內，危害已經大大降低。

再者，西向帶陽臺的屋子，晾曬衣物、被褥非常便利；傍晚時分，美麗的夕陽景色讓人心情愉快；冬日暖陽，會讓你感覺非常愜意。有了這些優點，西向房屋的風水自然變好。

朝北的房屋，受光程度最小，屋內陰氣較重：冬季時，西北風直吹入大門，房屋寒冷難暖。因此，在風水上來說，算不上好風水。

但是，如果加上了陽臺，在冬天就可以達到擋風作用，讓強風不能直沖而入；由於陽臺通風較好，晾乾衣物也是很便利的。而且，在炎炎夏日，朝北的房屋是最陰涼通風的。

◆生肖與樓層

依據河圖五子演算法，一樓和六樓對應北方屬水，適宜居住的生肖爲：鼠、虎、兔、豬；二樓和七樓對應南方屬火，適宜居住的生肖爲：牛、龍、蛇、馬、羊、狗；三樓和八樓對應東方屬木，適宜居住的

生肖為：虎，兔、蛇、馬。四樓和九樓對應西方屬金，適宜居住的生肖為：鼠、猴、雞、豬。五樓和十樓對應中央屬土，適宜居住的生肖為：牛、龍、羊、猴、狗。

十樓以上的樓層，仍然依照上面方法，以尾數來推理。

◆依據生辰選擇房屋位置和坐向

怎麼按照生辰來選擇房屋的位置和坐向呢？

春天出生的人，木太旺，利火金。適宜住在南區、西南區。房屋的坐向，宜坐北向南或坐東北向西南。

夏天出生的人，火太旺，利金水。適宜住在西北區、北區。房屋的坐向，宜坐東南向西北或坐南向北。

秋天出生的人，金太旺，利火。適宜選住南區。房屋的坐向，宜坐北向南。

冬天出生的人，水太旺，利木火。適宜選住東南區、南區。房屋的坐向，宜坐西北向東南或坐北向南。

◆破舊樓房不宜入住

有的人為了貪圖便宜，租購破舊樓房來住，豈不知這樣反而會得不償失。破舊老樓，由於歷史久遠，積聚太多憂怨之氣，會讓人精神委靡，壓抑沉悶，疾病纏身，甚至惹上是非。

破舊樓房往往是藏汙納穢之地，積留大量的黴運之氣，常因無人居住而生機死絕，以致滋生凶邪煞物，人如果入住這種房屋，必然會受到邪惡之物的侵襲，輕則疾病叢生，諸事不利，財運不佳，重則破財凶傷，有性命之憂。

◆房內高度

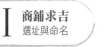

房屋的挑高通常在2米8左右，再加吊頂、鋪厚地板之後，淨空高度可能只有2.5～2.6米左右甚至更矮，這樣的空間會讓居住者有一種心理壓抑感，長期居住對身心無益。因此，應儘量選擇層高在2米8以上的房子，不超過3米左右爲佳，過高的話屋子顯得空蕩，對照明、冷氣的要求也相應提高，提高裝修成本。

◆樓房的坐向與命格關係

大樓如果用於商業用途，可以根據九星風水，配合經營者的命格，選擇向著旺氣、生氣、進氣的大樓，這樣才能讓生意興隆，事業發達。大樓向著旺氣方，可興旺發達，向著生氣方，生機勃勃，事業穩步向前發展：向著進氣方，財源廣進，穩定發展。

◆八運期間大樓的吉方朝向

八運期間，即2004～2023年。在這20年間，旺氣方在東北方，生氣方在南方，進氣方在北方。因此，大樓入口向著東北（坐西南向東北）爲得旺氣，大樓入口向南方（坐北向南）爲得生氣；大樓入口向北方（坐南向北）爲得進氣。

不過並非每個人都適用以上吉方，要根據個人命卦和九星飛伏才能確定是否可用，千萬不可一概而論。

◆計算樓層數

根據大樓的層數，可推知每一層的五行屬性。但是，有的大樓有地下室，那麼這個層數如何計算呢？

其實，樓層的五行屬性是從河圖數位來推算的，因此樓層的風水，實際上是樓層數位所代表的五行，只要依據開發商在樓層上標明的數位即可。

別太鐵齒 你至少要懂的 開店風水學

◆五行八卦選樓層

　　傳統的獨棟房屋的風水判斷方法不適用於現代的房屋社區，房屋社區單位眾多，樓層眾多，房屋的樓層與五行也有著密切的關係，一樓屬水、二樓屬火、三樓屬木、四樓屬金、五樓屬土，以此類推。因此，每層樓的每個單位都會因為樓宇的五行與居住者自身五行的相生相剋關係，而有不同的風水。

　　尋找樓層的吉凶，需要根據不同世運和樓層坐山陰陽來推算。即把當下的世運數位作為底層的數位，樓房坐山如為陰，就順序逆推，樓房坐山如為陽，就順序順推。

　　如一棟未山丑向五層建築，要看現在的八運期間，哪層最吉。因為行八運，底層的飛星就為八；坐山未屬陰，就需逆推。如此推算，底層為八白星，二層為七赤星，三層為六白星，四層為五黃星，五層為四綠星。只有底層的八白星是當下旺星，其他樓層的飛星均為退運星，所以底層最吉。

　　在挑選樓層時，也要注意配合自己的命卦，有時即使在一個不吉的樓層也可能有對自己最有利的旺宅。

◆根據命卦選擇樓層

　　金命的人，最宜住四樓或九樓，不宜住得太低，因為金忌埋藏壓制。

　　木命的人，最宜住三樓或八樓，宜住中高層，因為木是向上生長的。

　　水命的人，最宜住一樓或六樓，宜住低層，不宜住得太高，因為水是向低流。宜選擇低層、黑色、淺藍色的房屋。

　　火命的人，最宜住二樓或七樓，宜住高層，因為火向上騰升。宜

是紅色外牆，高尖型的大廈。

土命的人，最宜住五樓或十樓，適宜住在中高層，有穩重安心的感覺。

◆選擇與命卦相匹配的樓層

能夠選擇與命卦完全吻合的樓層，當然最好。不過五行是有相生相剋屬性的：火生土、土生金、金生水、水生木、木生火；火剋金、金剋木、木剋土、土剋水、水剋火。

因此，如果樓層的五行，對居住人之命中五行，有相生和相助作用，也為吉。相反，有相剋作用的，為不吉，一定要避開。

◆樓層五行剋制居住者

如果樓層的五行屬性剋制宅主八字所喜五行，最好的解決辦法就是搬家。如果無法搬遷，那麼就要想辦法化解。比如：樓層五行為土，而宅主命卦五行為水，土剋水，可在房屋的大門上懸掛一個銅鈴，以金助水。

樓層為水，主人為火的，可在房屋大門左邊擺放富貴竹或其他植物，以木助火。樓層為火的，主人為金的，可在大門右邊擺放一盆從房屋西方取來的土，以土助金。樓層為金，主人為木的，可在大門上方懸掛山水畫，以水助木。樓層為木，主人為土的，可在大門邊擺放龍龜鎮守。

◆五行生旺樓層

屋主有命卦八字所喜五行，樓層也有五行屬性，因此可以利用五行生旺原理，用八卦符文來生旺所居住樓層。比如：屋主八字喜木，樓層五行屬火，則可以用白紙畫上八卦坎符，貼於大門上方。

屋主喜水，樓層屬木，則用白紙乾卦，貼於大門右邊。屋主喜土，樓層屬金，則用紅紙離卦，貼於大門中間。屋主喜金，樓層屬水，則用金紙坤卦，貼於大門中間。屋主喜火，樓層屬土，則用紅紙震卦，貼於大門右邊。

◆小戶型房屋門對門

小戶型的房屋，本身室內面積就小，氣場力量弱，如果大門與對面相對，又對方室內面積較大，就容易被對方吸納氣場，對家運更加不利，難有出頭之日。

要避免這樣的情況，就要多跑多看，儘量避開這種門對門的格局；如果無法避免，起碼要選擇大門間距較寬敞的大廈，或者雙方的室內面積相等，這樣才不至於被對門氣場所影響。

◆小戶型房屋有沖煞

小戶型的室內面積小，藏風聚氣的能量本身就低弱，因此抵禦外來煞氣的能力也較差。如果房屋外有明顯沖煞之氣，如路沖、屋角、高壓電塔、電廠等，對小戶型的衝擊力就格外明顯，運勢和氣場會受到較大影響，即使不出現災禍，也會疾病纏身。

因此，選擇大廈時一定要注意這個問題。如果是後來出現的煞氣，又不想搬家，只能針對具體情形進行化解。

◆廁所在大門內側

剛進入大門的位置被稱之為內明堂，也就是玄關所在的位置，玄關主管房屋的財運風水，代表進財的通道；如果把廁所設置在此處，污穢之氣必然會導致家財外漏，財運不來。

因此，選擇大廈時必須要避開此類房屋，如果已經購買居住，只

能想辦法改善廁所環境，如擺放花卉植物、加裝排氣扇等，讓裡面通風排濕，保持空氣清新，以免影響財運。

◆門前有垃圾堆

大門前不宜有垃圾堆，如果用的是垃圾桶，要加蓋子。垃圾會散發出臭味，等於是味煞。垃圾會滋生細菌，對人體健康不利，垃圾也會讓好運不上門，影響整體家運。

房屋外如果有污水池或坑洞，主人易破財刑傷，因為家人或路人容易跌落，門前不要有排水溝環繞，它與垃圾一樣會有味煞和病菌，會讓家人災病連連，官司不斷。

別太鐵齒 你至少要懂的 開店風水學

◆如何簡單判斷大廈的吉凶

風水古籍中說：「前山為朱雀，後山為玄武，左山為青龍，右山為白虎。」又說：「一層街道一層水，一層牆屋一層砂；門前街道即明堂，對面屋舍即案山。」「高一寸即為山，低一寸則為水。」

一幢大樓的後方若有高大的建築，即為靠山，大樓住戶易得到上司賞識；左右兩旁若都有樓房，則以左方較高為吉，右方較高為凶。大廈的前方有明堂，就有利於財運，如有廣場、草地、公園等。明堂前方若有樓宇，即為案山，案山宜矮，可以聚明堂之氣。

◆城市樓房風水

風水學從古代發展而來，其中針對陽宅的部分，往往與大自然的環境結合在一起。現在人們大多聚集在大城市的水泥樓房中，與自然山水相隔離，這樣的話，又如何來衡量現代房屋的「風」和「水」呢？

其實，古人曾把房屋分為三類，一是山谷之宅，一是曠野之宅，再來就是井邑之宅。從字面上就能看出它的意義，即山區的房屋、平原的房屋和城市裡的房屋。雖然古代城市與現代城市有很大的差別，但在風水上的意義是一樣的。

風水學認為，「有諸內而形於外」。樓房有什麼樣的外形，也就會達到相應的作用。因此在《陽宅會心集》一書中就有這樣的說明：「一層街衢一層水，一層牆屋一層砂，門前街道即明堂，對面房宇為案山。」

◆毗鄰醫院

從環境方面說，醫院是看病的場所，是大量的病菌出入之所，居住在這附近，對人的身體和心理都有不利的影響。在風水角度來說，醫院中的病人，都處於運氣不順之中，於是，醫院中就聚集了大量的黴運，這會影響周邊環境的氣場。

如果無法避開，只能想辦法化解。可以選擇住旺運之屋，以旺氣抵禦衰氣，或是有宗教信仰，以信仰增強房屋的能量與氣場。

◆毗鄰高速公路或鐵路

如果房屋附近有高速公路或鐵路，高速公路或鐵路會阻隔氣脈的流通，而且也會帶來噪音干擾。尤其是鐵路所用的高壓電流，會放射出電磁波，對家人的健康、生育、工作等各方面造成不良影響。

◆毗鄰高架橋

高架橋猶如奔流之河，它縱橫而架，對房屋的財氣有很大的影響。而且，車輛經過時帶來的灰塵和廢氣會造成空氣品質下降和噪音干擾，家人每天都處在這種環境中，會導致神經衰弱、睡眠不好，間接影響到事業的發展。因此，高架橋附近不宜居住。

高架橋的轉彎有如一把鐮刀，樓房似乎會被攔腰切，這等於是沖了「刀鋒煞」，更加不宜居住。

但是如果居住樓層較高者，則對房屋的影響不大。

◆毗鄰監獄

監獄、派出所、戒毒所等地方，由於經常出入兇惡之人，充滿暴戾之氣和倒楣之氣。如果房屋在這些建築附近，容易犯官司、訴訟和是非之災。如果大門正對著監獄門，則更不吉利，氣場直接受阻，負面氣場會侵入家門。

不過，如果家中有人就在這些地方上班，則無妨礙，因為其本身就有壓制煞氣的能力。

◆毗鄰教堂或寺廟

從風水學上說，神前廟後屬於孤煞之地，陰陽相交，善惡是非多。前來燒香拜佛的人，不是來祈求富貴，就是請求佛祖能夠原諒自己的罪孽，長久積累下來，此地就會成為罪孽聚集地，怨氣太重。加上寺廟是神靈的寄託之地，很容易破壞人們的生存環境。因此，在寺廟附近居住是不利於事業發展的。

房屋附近如果有寺院、道觀、教堂或其他宗教場所，由於這些所在有純淨精神氣場，住在附近的人會感覺心態平和、情緒安定。但相對而言，財氣必弱，因精神和物質是相對立的。居住在這裡的人，相對較為清貧。

寺廟和道觀由於有超度亡靈的內容，容易吸引遊魂野鬼，導致陰靈聚集，因此住在這附近的人，可能會親緣不足，大多生活孤獨，性格上易走極端，或暴烈或善良。

教堂由於信仰一個神，對於遊魂野鬼並不歡迎，所以不會有陰氣聚集的情形。對居住在附近的人的人際關係影響不大。

◆毗鄰殯儀館或火葬場

殯儀館、火葬場、墳場或棺材店等地方，是陰氣聚集的地方，對家居風水非常不利，對家人的健康有害。由於經常看到喪葬之事，對家人心理也會造成諸多負面的影響。不過，這類場所如果有財星飛到，陰氣即可轉化為財氣，對經商非常有利。

◆毗鄰尖塔或煙囪

高高的尖塔和煙囪可以形成「文昌筆峰」，這時，家中可能會出聰明才氣之人。但是必須配合八卦吉位，並且距離「文昌筆峰」至少要150米之外。如果距離過近，或不在吉卦位上，對房屋風水都非常不吉。

◆毗鄰建築工地

施工地段的機器喧鬧會造成聲煞，對附近的住戶會造成影響。特別是房屋外對應二黑巨門星的方位和五黃煞的方位，不可以隨便動土。如果有工程在這兩個方位，務必在這個方位掛上銅製的風鈴，每天敲六下，就可以化解煞氣。

◆毗鄰屠宰場

屠宰場是殺戮之地，充斥著怨氣和亡魂，對風水極為不利。住在附近，凡事不順利，社會治安也不好，家人健康也會出現問題。如果房屋正對著屠宰場，煞氣直沖過來，對家居更加不利。

從現代醫學角度來看，屠宰場容易滋生病菌，對周圍房屋的人體健康必然會造成不利的影響。所以，房屋應該儘量遠離這些地方。

◆毗鄰工業區

工業區往往有大量的機器運轉聲音，這樣的噪音會讓人心情煩躁，無心工作，休息也會受到影響。在風水學上，這屬於「聲煞」。

有些工業區會有巨大的煙囪，排放出大量的工業廢氣，對周邊的空氣環境污染可想而知。在風水上，這些穢氣屬於「陰煞」，不利於健康。

◆毗鄰高壓電塔

房屋附近有高壓電線塔、變電站、發射塔等，不利風水。因為高壓電塔或變電站會放射出很強的電磁波，嚴重影響人體的磁場。如果房屋離電磁波源不到百米，就容易發生強烈的干擾，造成睡眠不好甚至不孕、血液病變等嚴重疾病。

而發射塔是發射或接收電視、電話信號的，對磁場影響最大，並且形狀是尖的，有尖角煞氣。住在附近，家人易發生意外傷害或精神問題。

◆毗鄰警察局

警察局在風水學上屬陽，是孤煞之地，所謂「孤陽不生，獨陰不長」。如果房屋對著警察局，則犯孤煞，會對家人健康不利，家裡多犯是非爭鬥。消防隊的大門為大紅色，如果房屋正對消防隊，易有血光之災。

不過，若家人在警察機關任職，則無此問題，因他的正陽之氣可擋各種煞氣。

◆毗鄰政府機關

政府機關屬皇氣，是至陽之地。政府機關包括各級政府、法院、檢察院等，它們與公安局一樣，是孤煞之地，因此，如果房屋正對著此類建築，家人易患精神疾病、易犯官司和是非、甚至發生血光之災。

如果房屋正對的是政府機關的家屬院，則無此風水問題。

◆毗鄰學校

學校雖然聚集很多孩子，但孩子的陽氣偏弱，使學校成為陰氣較

重的地方。特別是晚上，原本熱鬧的學校突然變得異常的安靜，甚至缺乏人氣，此時的學校就是極陰的場所。陰氣過重，會對運程帶來阻礙，而風水是很忌諱陰氣濃盛的地方的。如果居住在學校附近，可能導致財運不佳，遇事有阻礙。

化解的辦法是減少在家中擺設與水相關的物品，多開窗，讓陽光儘量照射進房屋。將電鍋設置在客廳的旺位，也能令家中生氣旺盛。

◆毗鄰戲院或電影院

戲院或電影院等娛樂場所，是人群聚散之處。當節目上演之時，人群聚集，陽氣充沛；而散場之後，一哄而散，這叫做「聚散無常」。

陽氣突然大量聚於一個地方，不久又突然全部消失，這種場所的氣場極不穩定，這也會影響到住在附近的人，造成居住者運氣反復，工作運和財運變換不定。

◆毗鄰菜市場

住在菜市場附近，日常生活可能比較便利，但對於家運來說，卻不吉，主運氣停滯、宅運不穩。這是因為菜市場通常會散發出魚、肉的腥臭之味，這是一種味煞；菜市場的衛生環境較差，加上地面潮濕，容易滋生各種細菌，對健康不利，菜市場通常是各類動物的宰殺場，陰氣聚集，對房屋氣場自然不利。

◆毗鄰加油站

一般說來，加油站、鍋爐房都是火氣很大的地方，在風水上被稱為孤陽煞。與房屋臨近的變電房、高壓電塔、發射塔等也是孤陽之處，不適合居住，容易導致人脾氣暴躁，皮膚也容易出毛病。

化解孤陽煞的辦法，是擺放或懸掛一些瓷器或玉器，這些屬土的

物品可以排掉強烈的火氣。

◆毗鄰辦公大樓

如果周圍的辦公大樓都很高，以致自己的房屋相對比較矮小，則向外的視野會被這些高樓所遮蔽，容易讓人產生被圍困的感覺，對將來的發展有嚴重影響。

另外，現在的辦公大樓多採用玻璃幕牆，如果房屋正好位於玻璃幕牆的對面，玻璃幕牆的反應會讓人產生一種壓抑感，再加上陽光在幕牆上形成的反射容易造成光污染，對人體健康不利。

如果周圍的辦公大樓都很高，以致自己的房屋相對比較矮小，則向外的視野會被這些高樓所遮蔽，容易讓人產生被圍困的感覺，對將來的發展有嚴重影響。

◆毗鄰公共廁所

無論是公共廁所還是垃圾站，都是陰氣很重的地方，在風水上被稱為孤陰煞。孤陰煞的濃重陰氣會嚴重影響人的健康，它們的臭氣不僅難聞，還會引來蒼蠅、蟑螂、老鼠等對健康有害的動物。

化解孤陰煞的辦法，需要在煞方安裝一盞二十四小時長明的燈，用燈光的陽氣來驅散陰氣。此外還需要隨時注意家中的衛生，才不會讓有害動物侵襲家人的健康。

大師將為您…
指點開店選鋪
最優的風水辦財

Chapter.02

商鋪 外觀與命名

商鋪外觀的風水意義

商鋪財源

「民間信仰的充滿哲學思想的周易這儒家經典著作（主要理論建基於陰陽），它的影響促進了風水的發展。天地生萬物，即人和一切生命體均是天地交互作用的產物，兩儀生四象，四象生八卦，八卦重疊成六十四卦」。太極即原始狀態，兩儀合天（宇宙統一）與地（地球、地理環境）及人（人之居所、所卜葬之地）與時（天地元運盛衰）之生老病死），可惜後來被方士生硬地行干支術數各種所謂克應的一門民間信仰。天干地支是風水運用最基本最重要的理論學說，才能很好的理解和掌握陰陽五行理論，只有很好的傳統學裡面最基本最重要的理論又是易經哲理，即宇宙萬物，信息同源，程序相同，節奏相應。簡單來說，風水理論主要是以玄學的陰陽消長理論為基礎。現在上中醫藥大學的中醫學說，很多人都對陰陽理論有一個很好的理解。每一個真正的風水大師也好，真正的醫者，中醫知識去為人們治病救人，排憂解難。他們借用中國「民間信仰的充滿哲學思想的這儒家經典著作，加上道（主張形神合一，以神令形）。他們借用中國最早的充滿哲學思想的周易這儒家經典著作，加上道（主張形神合一，以神令形）、釋（主張因果報應和輪迴思想）、巫（主張神靈對人運的影響）、占星（主張星宿學說以及運用的影響）。天地太極生兩儀，四象即八卦，八卦即八卦，源自樸素的易經哲理，太陽（長日照─如夏季），太陰（短日照─如冬季），少陽，少陰（短日照─如冬季）。太極即

風水學認爲，宇宙和大地中的萬事萬物都蘊藏著氣，優美的山川景色會使得生氣叢生，而破敗的殘垣斷壁則導致衰氣聚集。在有山川和美景的地方，氣的流動作常順暢。而在殘垣斷壁的地方，氣的流動則會經常受到阻滯。

在進行商店外觀的造型設計時，應儘量讓商店與所處區域的自然景致能協調一致，並使得商店的外觀造型與優美的自然景致融爲一體。如果能使外觀造型與區域景致相融，那麼便意味著會順應宇宙之氣的流通，就能將商店融入大自然的生氣之中，利於商鋪的氣場。

商店處在優美的自然景致之中，也擁有豐富的大自然的生氣，便能夠生意興盛，客流源源不斷。而對於處在惡劣環境的商店來說，則極容易使生意的經營陷入困境。

◆商鋪外觀的風水要求

從風水的角度而言，店面內部的顏色，要與店主的八字、店鋪大門的朝向以及販售商品的五行屬性相結合進行設計，首先應將商品的屬性納入木、火、土、金、水五大類，然後根據店主的命理資訊和商店的風水資訊，再具體確定商店內部裝飾的主要色調。

一個商店的外觀造型的協調性，應圍繞商店所經營的商品範圍，或是針對商店的行銷特色去進行設計，它的原則就是要使得顧客對商店的外觀產生認同感，借此外觀也能體會到商店的經營範圍，對於商品的宣傳和商店的經營都會有大的作用。

◆商鋪位址號碼

風水學認爲，數字號碼對人們的運勢影響極大。因此，在爲商鋪選址時也要注意商鋪位址的數字號碼所代表的吉凶含義，儘量做到趨吉避凶。

在風水學中，2，5，8，9，10一般是吉利的數字：2意味著容易，5意指與五個元素相協調，6代表財富，8意指致富，9意指長壽之意，10是確定之意。所以，像289號這樣的位址，它的意思就是：「容易致富」或「生意繁榮長久」。

與此相反，744則是指「肯定會滅亡」，或「生意一定不會成功」。數字4，因爲它的讀音像「死」這個字，所以一般不要選擇。而數字1也不很吉祥，因爲它會使得人變得「形單影隻」，不利於財氣聚集。

在爲商鋪選擇數字號碼時也要注意，各國對吉祥數字的定義都不一樣，中國人一般以雙數爲吉，西方人則偏好單數；中國人和日本人都忌諱4因此發音與「死」相近，而西方人忌13……因此給商鋪選擇吉祥的號碼或門牌不可一概而論，需根據當地風俗選擇，方能使生意興旺。

◆商鋪招牌名稱

對於商鋪來說，招牌的設置和商店的命名都同樣重要。招牌必須在與店上的命理資訊相協調的吉祥時刻進行懸掛。如果店名意味著沒有運氣，則生意便不會興隆。

以「無利」命名的商店註定要關閉，以「順利」命名的店鋪則會獲得一帆風順的成功，以「廣利」命名則代表獲得巨大的成功，「廣益」則代表的是巨大的收益，「吉祥」則代表鴻運。

風水家中利用五元素戒律，來爲商店起名稱，下表給出一些常見字及其五元素的關係，僅供大家參考。

水火木金土：

富度貴商營

凰堂關生宇

紅樂廣司安

福金宮廈無

壁店孔廠望

當五種元素及與它們相關的字在下列組合中相匹配，而組成商店的名稱時，五種元素的組合既有好的含義也有壞的含義。例如，以下這些組合的名稱是吉利的：

水+木：水的滋養使木生長

木+火：木的增加使火更旺

火+土：火使土純淨

土+金：金由土保護

金+水：金使水富貴

以下幾種組合的名稱是不利的：

水+火：水可以使火熄滅

火+金：火會剋金，使金熔化

金+木：木會被土所覆蓋

土+水：水在土中會散發

◆商鋪取名的原則

為零售店命名時，一般應遵循以下原則：

1. 容易記憶的原則

商鋪取名一定注意要方便記憶，只有這樣，才能有利於顧客的識別，也會提升商鋪形象的傳播。

2. 暗示產品的原則

商鋪的店名應能夠暗含商鋪所經營產品的一些性能和用途，以利

別太鐵齒 你至少要懂的 開店風水學

於顧客的認知。

3. 支援標誌物原則

標誌物在商店形象中，可被顧客識別但無法用語言進行表達。如果商店的標示物能夠支援和加強顧客印象，則商店的宣傳效果也會得到改善。

4. 啟發聯想的原則

這是指店名的設置一定要有寓意，使得消費者從中得到愉快的聯想，而非消極的聯想。

◆商鋪取名技巧

店鋪取名的技巧主要有以下幾點：

1. 行業命名

服裝行業、娛樂業商鋪的名字應盡可能響亮炫目，文化或音樂影像業則盡可能含蓄內斂。此外，老字號應注意保留自己在消費者心中長期奠定的信譽。

2. 因地制宜

商鋪取名，應適當地考慮商鋪所在的地理和人文環境，避免出現「雞同鴨講」，造成語言上的障礙。

3. 上口易記

商鋪取名時，應充分考慮到消費者的接受能力，最好能建立在琅琅上口、簡單易記和便於傳播的基礎上，力求與消費者產生共鳴。

4. 品牌優勢

如果一種產品已經在本地建立起一種小範圍的品牌優勢，並且有一些自己的專業客戶群，得到當地的普遍認可，則在為商鋪取名時應優先考慮藉助自我的品牌優勢。

5. 業主愛好

業主的愛好有時也是商鋪起名的一個依據，業主根據自己的愛好或者個性對商鋪進行命名，不僅能增加顧客的好奇心理，而且可以藉此為自己帶來豐厚的利益。

◆商鋪命名與經濟興衰之間的關係

一個好的店名不僅能夠提升商鋪的形象，還可以做到趨吉避凶、壯旺財運的作用。店鋪名稱雖然只是一個符號，但也會對經營者的運程有不同的作用。

一個商鋪的名稱不在於是否好聽和響亮，而在於店名的天格與地格之間的搭配，如店名五行生剋的狀況以及店主人的命中五行與店名的生剋的狀況。對於所用的字體，如楷、篆、隸、草、仿宋體、美術體，彼此各自的五行屬性也各不相同。

◆商鋪裝飾與玄空風水之間的關係

玄空飛星的佈局，自古都是秘中之秘。商鋪裝飾時，可以按照以下方案進行佈局：

一白方位，可以佈局綠色植物或是屬木的物品。

二黑方位，可以佈置金屬器物或者屬金的物品。

三碧方位，可以佈置火器或是屬火的物品，如電器、燈管等。

四綠方位，可以佈置綠色植物或是屬木的物品。

五黃方位，可以放置「六枚古錢」或者其他的吉祥物。

六白方位，可以放置方形的時鐘。

七赤方位，可以放置圓形的時鐘或其他物品。

八白方位，可以放置形狀為三角形的物品。

◆業主的性別對商鋪選址的關係

風水中有「左青龍、右白虎」的說法。青龍象徵陽性的力量，代表男性，白虎象徵陰性的力量，代表女性，在商鋪選址時，如果業主是男性，就要注意所選地點左邊的位置，如果是高大的建築物，說明此地陽性力量較強，能夠說明男性業主建立事業，也可以剋制小人，減少是非。如果是女性業主，就需要看看右邊是不是高大的建築物，而且高度一定要超過左邊的青龍，這樣更有利於女性權勢的鞏固。

◆業主的命運對店鋪命名的影響

一個合適的店名能夠提高商鋪的檔次，還可達到趨吉避凶、生意日旺的效果。

反之，如果店鋪名與業主姓名的五行相沖，就會造成事業受外力影響，讓經營者無暇顧及自己經營的事業，最後會因管理不善而造成經營的損失。

此外，爲店鋪命名還必須要根據業主的八字命運與面相命運，要考慮到業主的喜神方位及五行生剋關係，還要考慮到流年、大限以及業主的體形、膚色、語音等多方面的因素。

◆商業大樓的形狀

在選擇商業大樓時，不僅要注重它的位置，也要注重它的形狀所代表的風水含義。

一般來說，方正的形狀是大樓的最佳外觀格局。但現在許多商業大樓爲了突顯個性化，常常建構一些比較奇特的形狀，往往隱藏著不利的風水之效。

1. 回字形

爲了擁有較爲良好的採光，有的辦公室採用了中空的「回」字形設計，即辦公室中庭完全透空，只是四周作爲辦公場所。這樣的設計看

起來固然顯得比較時尚和獨特，但是中間的大天井使整棟辦公室缺乏中心。在沒有中心的辦公室當中工作，不僅業務發展會受到影響，就連老闆的心態和股東之間的關係都會受到影響。

2.L形

形如菜刀的L形辦公室不僅會造成採光的不均衡，而且會讓人看上去覺得不平衡。如果在這裡工作，容易使得人心神不定，無法安心工作。

3.U形

對於外觀呈U形的辦公室來說，最大的問題是頭重腳輕，會使得公司發展起來十分艱難，不容易得到支持和幫助。

◆一樓獨高

許多人以為，在一樓獨高的商業大樓中俯瞰四周風景，大有高人一等的尊貴感。然而，風水大師卻不建議人們選擇這種一樓獨高的大廈，因為它們常常犯下了「孤峰煞」。

這是因為，如果辦公室的青龍位、白虎位、朱雀位、玄武位都比自身低矮，看上去就會像一座孤島。沒有周圍樓房的保護，雖然辦公室很容易受到氣場的包圍，但是無法停留下來，很快就流失了，是一種較為輕微的凶相。

如果選在這樣的辦公室中工作，容易陷入孤立無援的狀態，生意上難以得到朋友的幫助和扶持，也會使員工的流動性較大，無法留住人才。

◆商鋪的坐向

每種行業都有各自的五行屬性，根據其屬性，就可以決定辦公環境的坐向問題。根據行業選定坐向後，最好選擇門開在朝上的大樓或辦

公室，或考慮在朝上的方向是否能開門。

如果朝上不能開門，則應考慮是否可以通過改門的方向來與坐向相吻合。

五行	商鋪坐向	行業
金	坐西向東、坐東向西、坐東南向西北、坐西北向東南	五金行業、珠寶首飾業、交通行業、金融行業以及機械挖掘、鑒定開採等
木	坐西向東、坐西北向東南、坐東北向西南、坐西南向東北	出版行業、文化藝術行業、教育行業、種植行業、紡織行業、宗教行業、醫療行業等
水	坐南向北、坐北向南	保險行業、航海行業、水產養殖業、旅遊行業、衛生行業、運輸行業、餐飲業及從事釣魚器材、冷凍食品、馬戲魔術、滅火消防的經營
火	坐北向南、坐東向西、坐東南向西北	易燃物品、食用油類、熱飲熟食、電腦電器、電子煙花、電器維修、光學眼鏡、廣告攝錄、美容化妝、燈飾爐具、玩具玩偶
土	坐南向北、坐東北向西南、坐西南向東北	地產建築、土產畜牧、玉石瓷器、顧問經濟、建築材料、裝飾裝修、皮革製品、肉類加工、酒店運營、娛樂場所

◆什麼地段的商鋪最旺財

風水上說，水主財；古人則說，車水馬龍。在現代城市中，車流和人流就相當於「水」。水承流動之氣，因此商鋪的位址最好選在水流停聚之處，比如碼頭。

對於城市而言，水流停聚之處就是人流與車流的停聚之處，如停車場、火車站、捷運站、大商場等地方。但是，繁華地段租金相對較高，必須量力而為；同時也要考慮到所售商品是否依賴巨大的人氣。

◆用人流方向提升店鋪財運

繁華地段，人流量大，最適合做生意。但是，若不注意人流方向，就是吃大虧。比如：火車站的出口處，旅客從站中湧出，人流如潮。人流如河水，近水則生財，在這裡開飯店或旅店，當然是最好的選擇。若把店開在車站的進口處，財運定然不濟。

這就是來水和去水的區別。來水宜寬闊，去水宜曲折。這樣才能留得住聚氣生財。

對於普通的臨街店鋪而言，來水即入口，去水即出口。最適宜的水流方向是「龍方進，虎方出」，即左入右出，或者東進西出。這樣，水流方向與宇宙天體相協調，必然可以增強店鋪的人氣。

◆在商廈裡找出旺鋪位置

要想在商業大廈裡找出旺鋪，首先要認清「來水」。湧動的顧客即「水流」，他們會沿著扶梯或電梯這個通路而行。要仔細觀察人們從電梯出來之後，主要人流的方向、逗留地點以及人行速度。

如果人流經過商鋪時，是緩緩而行，這可以說是舒緩的「有情之水」，必然可以增強氣場，生旺財運。如果人流經過商鋪時，匆匆而行，那就是不吉的無情之水，無法聚氣生財。

◆佈置收銀機讓生意興隆

收銀機是商鋪的進財之位，如果在這裡精心佈置一番，可以說是事半功倍。

在風水上，貔貅、金蟾等物品是招財寶物，把它們擺放在收銀機上，可以達到招財的效果；也可以在收銀機上方懸掛中空的金屬風鈴，可以納氣招財。在收銀機旁的牆壁上裝設一面鏡子，可以映出雙位收銀機，代表財運翻倍。

◆用招牌生旺商鋪財運

招牌所用的材質與顏色，要依據五行之說來選擇，以此生旺財運。比如行業屬金，就要選擇黃色，即土生金。

招牌的尺寸大小要與店面相協調，最好也能符合五行數理：金為7，木為8，水為6，火為9，土為5。招牌旺起之日，要選黃道吉日吉時，招牌應擺放在店鋪的旺方。

◆商場的內明堂旺財

現代城市中，大馬路即為水，因此大門前若有環抱回環之路，即為吉。商場的大門可以設置為旋轉門，這樣可以讓氣流回轉緩慢進入大廳，避免氣流直沖大廳造成沖煞，這樣就聚水生財。

大廳可以做挑高設計來增強內明堂的寬敞度，再以芳香燈、盆栽、鮮花和造景作為點綴，增強內明堂的陽氣和活力，讓氣場活躍起來，從而生旺商場的財運。

◆選擇旺財的店鋪

　　小型店鋪的旺財佈局和房屋一樣，主要考慮如何聚水旺氣。首先，要選擇那些明堂開闊的店面，店門前寬敞無遮擋，這樣才能聚水旺財；其次，選擇那些門前馬路環抱的店面，馬路為水，環水有情，則財運多聚。

　　店門前的明堂不宜出租給小商販，或者擺放其他東西。這樣做雖然能增加人氣，卻會分散商鋪的財氣。店鋪內燈光要明亮，不要因節省電費而讓店鋪顯得陽氣不足。

◆運用「五蝠臨門」增強商鋪財運

　　商店的大門是財氣的進出通道，也是顧客與商品的流通通道。可以說，顧客的人流如水流，水聚則財聚。因此，商店的大門不宜過小，門小則阻塞財氣的流通。

　　五蝠臨門，取蝠與「福」同音，吉祥招財。古時的設置手法是，在大門的正前方刻一個圓形，裡面刻五隻蝙蝠環列，中間刻一個「財」字。如今的店鋪多在馬路邊上，無法在門外刻畫，可以在大門內的大廳四角刻上一隻小蝙蝠，在大廳正中刻上一隻大蝙蝠。

◆超市招財忌諱

　　如果你開的是超市，那麼對於招財來說，有什麼樣的忌諱呢？

　　首先，不宜播放喧鬧的音樂。有一些超市為了營造熱鬧的氣氛，往往播放喧鬧的歌曲，而且會把聲音開得很大。其實這是一種聲煞，會讓顧客產生煩躁心理，而且會使往來的行人和周圍的鄰居感到厭煩。

　　其次，不宜把貨架擺在扶梯出口處。很多超市採用促銷的策略，並且把促銷商品擺在正對入口處，其實這在風水中屬於沖煞。而且，在

別太鐵齒　你至少要懂的　開店風水學

現實生活中，顧客往往會繞開這些擋路的貨架。所以不妨把促銷櫃檯向旁邊稍移一些，千萬不要影響顧客購物。

最後，手扶梯不宜正對超市大門。顧客人流在風水學中屬於水，水是喜回環不喜直的，所以要儘量形成一種回環而入的格局。如果格局已定，那麼要儘量用貨架或其他物遮擋，不宜讓顧客一進門就正對扶梯，那樣對自己和顧客都是不利的。

◆玄關擺放盆栽納財

在玄關擺放盆栽可以活躍氣場，但得根據玄關的位置來挑選盆栽的顏色。一般來說，位於西或西北的玄關宜以白為主要裝飾色調，位於北方的則以藍色為主要裝飾色，可擺水栽植物，位於東北或西南方向的玄關應以黃色或金色為裝飾主調，位於東方的玄關應以綠色為主，而位於南方的則以紅色作為裝飾色，或者掛一副大紅的中國結。

◆出入口旺財

大樓的出入口最好不要設在地下通道口的旁邊。作為城市交通立體化的一種形式，地下通道在城市交通中起著重要的疏導作用。為了充分利用資源，許多地下通道口都設立了商鋪。雖然同樣處於地下通道口，但是因為它的走向是從上往下的，這樣下沉式的格局在風水上比較忌諱，既不聚氣，也不聚財，還會將人流引向他處。

即使大樓的入口不在地下通道口旁，出口在地下通道口旁也不好，因為人流雖然從門口進入，但會很快從另一個出口流失。商業大樓接收不到人氣，運勢自然也就不會太好。

不過有一種情況例外，那就是通向捷運站的地下通道口。與普通地下通道的人流疏導不同，經過該通道口的人流會彙聚在捷運站中，而且捷運的進出站也會帶來大量的人流，人氣自然也就會旺起來了。

◆入口處擺放屏風

有許多公司在入口處設屏風，對屏風樣式的講究也很多，但並不是所有的企業都需要在入口處設置固定的屏風。一般小型企業空間相對較小，可利用花架屏風或關矮櫃種植常綠植株來增強公司的隱蔽性，從而達到轉化氣流的效果。但最好不要擺人造假花，容易給人造成其生意是假的感覺，影響財運。

在選擇屏風時要考慮兩個方面：第一是材質，最好是選用木質，包括竹屏風和紙屏風。塑膠和金屬材質的屏風效果則不好，尤其是金屬的屏風，本身的磁場就不穩定，而且也會干擾到人體的磁場。第二是高度，以不超過一般人站立時的高度為宜；太高的屏風重心不穩，容易給人壓迫感。

◆商鋪缺失東北角

如果說商鋪缺了東北角，而且老闆或者售貨員又是屬牛或屬虎，那麼，商鋪的營業額就會出現問題。此問題化解的方法是在這個方位擺放羊的飾物，或者擺放虎、牛等飾物。

◆商鋪缺失南位

如果說商鋪如果缺失了南方位，那麼，商鋪主人或員工就容易患上眼睛方面的疾病，尤以生肖屬馬，年齡介於15～30歲之間的女性為多。化解的方法是在這個方位擺放一件馬形飾物，但要在馬的下方放一張黃色或咖啡色的布之類的物品。也可以擺放黃玉，因為南方屬火，會趨乾卦之馬，所以擺放時必定會化解其煞氣。

◆採光問題

採光良好是人們對所有房屋的基本要求，風水學的採光標準是：「孤陰不生，獨陽不長，陰陽調和，百事俱昌」。對於商業大樓來說，明暗適中的光線更有利於運勢的提升。

　　如果一座商業大樓處於比較偏僻的角落，或是受到其他建築物的遮擋，無法接受陽光直射，因而光線昏暗。這樣的格局在風水中就是犯了陰煞，會導致員工精神不振，生意慘澹。在商業大樓中，光線過於陰暗的房間只適合用來作倉庫或是餐廳，不宜用作辦公。

　　然而，採光過於充足也會產生不利的風水影響，比如那些四面都採用玻璃幕牆的大樓。雖然這樣對採光非常好，但是卻容易導致陽氣過重，犯陽煞。過於明亮的環境會使人心神不定，解決的辦法是懸掛百葉窗或窗簾，以調節室內的光線。

大師將為您…
指點開店選鋪
最佳的風水撇步

Chapter.03

風水 行業

五行與行業
九星樓層
八運與行業
八運期間大樓的吉方朝向

◆商鋪坐向取決於行業

　　每種行業都有各自的五行屬性，根據其屬性，就可以決定辦公環境的坐向問題。根據行業選定坐向後，最好選擇門朝上開的大樓或辦公間，如果選在朝上卻不能開門的地點，則應考慮是否可以通過改門的方向來與坐向相吻合。

◆屬金行業的坐向

　　五金行業、珠寶首飾業、交通行業、金融行業以及機械挖掘、鑒定開採等在五行中都屬金，因而辦公環境宜坐西向東，或坐東向西，或坐東南向西北，或坐西北向東南。

◆屬木行業的坐向

　　出版行業、文化藝術行業、教育行業、種植行業、紡織行業、宗教行業、醫療行業等在五行中都屬木，因而它們的辦公環境宜坐西向東，或坐西北向東南，或坐東北向西南，或坐西南向東北。

◆屬水行業的坐向

　　保險行業、航海行業、水產養殖業、旅遊行業、衛生行業、運輸行業、餐飲業及從事釣魚器材、冷凍食品、馬戲魔術、滅火消防的經營，其五行都屬水，因而辦公環境宜坐南向北，或坐北向南。

◆屬火行業的坐向

　　凡是經營易燃物品、食用油類、熱飲熟食、電腦電器、電子煙

花、電器維修、光學眼鏡、廣告攝錄、美容化妝、燈飾爐具、玩具玩偶的，五行均屬火，辦公環境宜坐北向南，或坐東向西，或坐東南向西北。

◆屬土行業的坐向

凡是經營地產建築、土產畜牧、玉石瓷器、顧問經濟、建築材料、裝飾裝修、皮革製品、肉類加工、酒店運營、娛樂場所等行業的，五行均屬土，辦公環境宜坐南向北，或坐東北向西南，或坐西南向東北。

II九星樓層

◆根據行業選擇樓層

判斷某一樓層是否適合經營某一行業，可以用玄空飛星的方式來進行，這就需要根據不同氣運和樓層的坐山陰陽來推算。即把當下的氣運數位作為底層的數位，樓房坐山如為陰，就順序逆推，樓房坐山如為陽，就順序順推。

如一棟未山丑向五層建築，要看現在的八運期間，哪層最吉。因為行八運，底層的飛星就為八；坐山未屬陰，就需逆推。如此推算，底層為八白星，二層為七赤星，三層為六白星，四層為五黃星，五層為四綠星。又如一棟子山午向的建築，子為陽，所以底層為八，二層為九，三層為一，四層為二，五層為三。

屬於不同飛星的樓層，有對應適合的行業，如果能按行業選擇適宜的樓層，可對經營有所助益。

◆一白星的樓層

一白星有利於流通，凡是與流通有關的行業都適合在屬於一白星的樓層經營。如利於錢幣流通的銀行，利於食物流通的飯店，利於水流通的洗浴中心，快速的流通，自然代表著生意興隆。

◆二黑星的樓層

二黑星有利於動手，凡是與手相關的行業都適合在屬於二黑星的樓層經營。凡是動手的工作不是靠口舌而是靠雙手辛勤的工作，需要靠品質取得口碑，二黑星有利於讓人專注於手上的工作，從而利於在此處經營成衣訂製、按摩、手工藝品加工等。

◆三碧星的飛星樓層

三碧星有利於新事物，能製造流行，所以凡是與流行有關的行業都適合在屬於三碧星的樓層經營。如唱片公司、新聞媒體、樂器行、通信器材、電器公司等，都能不斷有流行事物產生。

◆四綠星的飛星樓層

四綠星代表和諧，凡是與和諧有關的行業都適合在屬於四綠星的樓層經營。如美容、化妝都能促進人際間的和諧，人文、藝術也是增加人的修養及促進和諧的手段，此外理髮店、慶典公司、廣告設計公司都是幫助人與人的溝通，所以也適合選擇四綠星。

◆五黃星的飛星樓層

五黃星代表權勢和統治，很適合在此樓層設立與統治、管理有關的機構。如政府機構、公司的管理機構等。

◆六白星的飛星樓層

六白星代表決斷和活力，最適合用頭腦對事物進行判斷且具有活力的行業。如每天有大量資料和資訊進行分析的證券所，需要對案件進行多方面分析的律師事務所，要針對大量的事件和人際關係制定對策的政治類辦公室，需要辨別資歷和真偽的保險公司，都適合在此樓層經營。

◆七赤星的飛星樓層

七赤星代表交際，凡是與交際有關的行業都適合在屬於七赤星的樓層經營。如公關公司、娛樂公司、律師事務所、金融機構、銷售公

司、演藝公司、咖啡廳、酒吧等。

◆八白星的飛星樓層

八白星代表轉型，與轉型相關的行業適合在屬於八白星的樓層經營。如職業介紹所是轉換職業的地方，寵物訓練所是寵物學習新能力的地方。

◆九紫星的飛星樓層

九紫星代表桃花，凡是與桃花相關的行業都適合在屬於九紫星的樓層經營，如婚姻介紹所和交際場所。夜總會、俱樂部等娛樂場所是桃花聚集的地方，此處桃花旺，生意自然好。

III 八運與行業

◆何為「八運」財運

　　三元九運是風水上的一種時間概念，古人把黃帝元年（西元前2697年）定為始元，此後，每60年為一元或一大運。每過三個甲子，即為三元，分為上元、中元、下元。每一大運60年又分三個小運，每個小運20年。上元包括一運、二運、三運；中元包括四運、五運、六運；下元包括七運、八運、九運。

　　從黃帝元年到現在，已經是79個大運，而2004～2023年，是下元的第八運。由於每一運期間，宇宙中星體的位置都不同，因此對地球的影響也有所不同。八運財運，就是找出在八運期間最有利於財運的風水格局。

◆屬土的行業

　　八運五行屬土，因此下列與土相關的行業將會更加興旺發達。

1. 土產或地產行業

　　如：畜牧業、礦產資源、地產、農業、水泥、喪葬業等。

2. 中間人性質行業

　　如：當舖、古董家、鑒定師、經銷商、代理商、律師、管理、護理。

3. 因土而生的行業

　　如：設計、顧問、秘書、防水業、記錄員、會計師等。

◆與手相關的行業

　　八運是艮卦，艮為足，為手，為指，為趾；艮為坐，為跪。因此

與四肢相關的行業將會興旺發達。

1. 與「手」相關的行業

　　打字、計算、繪畫、書寫、雕刻、雕塑、針灸、按摩、射擊、射箭、樂器、音樂及器樂演奏、鞋業、手工藝等。

2. 與「腳」相關的行業

　　足球、藤球、橄欖球、跆拳道、攀岩、登山、排球、芭蕾舞、踢踏舞、腳診、腳底按摩、腳浴、義肢等。

3. 與「跪、坐」相關行業

　　瑜珈、佛教、宗教、禮儀、茶道等。

◆環保行業

　　八運屬艮卦，五行屬土，土是中正之物，不比木火高，不比金水低，中正和平。因此，這個八運是一個中正平衡時代。

　　人類的物質文明不斷向前發展，精神文明卻停滯不前。在八運期間，道德和精神修養的重要性，將會被重新審視，宗教可能會得到發展。

　　風水行業，講究的是天人合一、協調平衡，因此，風水在八運期間也會進一步繁榮。

◆八運興旺方位

　　八運屬艮卦，位在東北方。因此，各地域的東北方向，將會成為迅速發展的方位。如：朝鮮、蒙古、西伯利亞、日本北海道、阿拉斯加等地，在八運期間將會得到發展，經濟進一步繁榮。

◆行業發展受限

　　八運艮土，軍隊、武器、網路、電信、電力、能源、熱能、醫療

等重要行業，發展的阻力與限制較大，與七運時期相比發展勢頭減慢。

　　八運時期，是限制和懲治的20年，非法行業將會得到進一步打擊，如偷盜、色情、賭博、走私、黑社會、毒品等行業，從而讓社會局面得以穩定。

　　土剋水，水資源更加缺乏和升值，依靠水資源的行業在發展上可能會受到抑制。

八運期間，即2004～2023年。在這20年間，旺氣方在東北方，生氣方在南方，進氣方在北方。因此，大樓入口向著東北（坐西南向東北）為得旺氣，大樓入口向南方（坐北向南）為得生氣；大樓入口向北方（坐南向北）為得進氣。

但是，不是每個人都適用以上吉方，要根據個人命卦和九星飛伏才能確定是否可用，不可一概而論。

◆ 搬遷吉日

搬家又叫「喬遷之喜」，是不能隨意的，一定要挑選一個大吉大利的日子。搬遷吉日不僅要看日子本身的好壞，還要結合自身的命理。

首先參看黃曆，如果內記載：驛馬、天馬、德合、開日、成日、天赦、天願、四相、時德、民日、月恩則適宜搬遷；如果記載：四廢、五墓、四離、破日、平日、收日、閉日、四絕、往亡、歸忌、天吏、大時、月厭、月刑、三煞則不能搬遷。

其次，要看這一天是否與家人屬性相沖，在不相沖的基礎上找出當天的具體適宜時辰，必須是白天，夜間搬家不吉。

◆ 搬遷方向

搬家在中國的傳統民俗中是一件大事，將家搬到何方也是古代中國人考慮的問題。風水中會提到宜遷往何方，就是對某人來說遷往某方會對其有利。

通常推算宜搬遷的方向，是按照命格中的五行來確定的。五行講究平衡，如果五行中不平衡，就需要削弱強的，彌補弱的。如一個人的

命格土多水少，則需要減土增水。土所代表的方位為中央，因而此人不適合居住在出生地，應該遠居他鄉為宜。土能生金，金能生水，此人最適合居住在屬金的方位，屬水的方位也較為合適。金所代表的方位為西方，水所代表的方位為北方，因而此人最適合搬遷到西方，其次為北方。

◆根據生辰擇吉

如何擇定搬遷的日子？這不僅需要人們根據黃曆、五行等方面來決定，更要考慮宅主的生肖命卦方面。風水學認為，搬遷的吉日不能與宅主的生肖以及農曆生日的天干地支相沖，能利於家人是最好的。當宅主農曆生日的天干為「陽幹」，即為甲、丙、戊、庚、壬，則宜選擇「陰時」，即丑、卯、巳、未、酉、亥時搬遷；反之，生日天干為「陰乾」，即乙、丁、己、辛、癸的，宜選擇「陽時」，即適合在子、寅、辰、午、申、戌時搬遷。

◆根據房屋朝向擇吉

不同的朝向與不同的日期配合，能達到較好的風水作用。朝東的房屋忌在金特別旺的日子搬遷，即不能在日八字中有巳、酉、丑的日子搬遷；朝西的房屋忌在木特別旺的日子搬遷，即不能在日八字中有亥、卯、未的日子搬遷；朝南的房屋忌在水特別旺的日子搬遷，即不能在日八字中有申、子、辰的日子搬遷；朝北的房屋忌在火特別旺的日子搬遷，即不能在日八字中有寅、午、戌的日子搬遷。

◆根據天罡四煞擇吉

天罡四煞是對四種命格的人不利的日時。生年地支為申、子、辰的人，最忌諱未日未時；生年地支為寅、午、戌的人，最忌諱丑日丑

時；生年地支爲亥、卯、未的人，最忌諱戌日戌時；生年地支爲巳、酉、丑的人，最忌諱辰日辰時。

如果在天罡四煞的日子，又犯了天干，就爲大凶。寅、午、戌年所生之人，搬遷之日如果犯丑字的同時天干有甲、乙、庚、辛之一的話，就爲大凶，不易搬遷。申、子、辰年所生之人，搬遷之日如果犯未字的同時天干有甲、乙、庚、辛之一的話，就爲大凶，不易搬遷。巳、酉、丑年所生之人，搬遷之日如果犯辰字的同時天干有丙、丁、壬、癸之一的話，就爲大凶，不易搬遷。亥、卯、未年所生之人，搬遷之日如果犯戌字的同時天干有丙、丁、壬、癸之一的話，就爲大凶，不易搬遷。

◆根據回頭貢殺擇吉

回頭貢殺是與天罡四煞相對的一種推算不利日子的方法。在天罡四殺中，申、子、辰忌未，寅、午、戌忌丑，亥、卯、未忌戌，巳、酉、丑忌辰。回頭貢殺則據此推算，未年生屬羊的人，不適合在同時有申、子、辰的日子作爲搬遷之日；丑年生屬牛的人，不適合在同時有寅、午、戌的日子作爲搬遷之日；戌年生屬狗的人，不適合在同時有亥、卯、未的日子作爲搬遷之日；辰年生屬龍的人，不適合將同時有巳、酉、丑的日子作爲搬遷之日。

◆有些吉時不能用

一般來說，入宅的時間最好安排在早上、中午，最遲也要在日落之前，應該避免夜間入宅。因爲夜晚屬陰，是晦濁之氣彌散開來的時間，夜晚入宅不僅容易有遺漏、出危險，還被視爲不吉利。所以即使選定搬遷吉時是在夜晚，也是不宜的。

Chapter.04

開門

納氣論

商業大門
大門外觀
大門風水

I 商業大門

◆商業大門的風水意義

無論是居家房屋還是商業大樓,大門都是藏風聚氣的重要場所。商業大樓的大門風水更是關係著公司和企業的吉凶和興衰。

無論是對一間辦公室,還是就一個小小的店面去分析,大門都是其最為突出和醒目的標誌。如果將門外的道路看作是河流,那大門就是收水之地。因此,不僅要考慮大門的大小、形式等,更應該根據大門周圍的環境來確定其位置,這樣才能吸納吉氣,使企業生意興隆,運勢旺盛。

需要注意的是,商場的門不要開在大廈的背後,如果讓顧客繞到背後進門,勢必使氣流變弱,且有走後門之感。另外,破舊的大門會對財運造成影響,當大門出現陳舊或是破損的情況時,要立即更換。

◆商鋪大門的朝向

商鋪的門向跟商鋪的選址有很大的關係,如商鋪的選址為坐南朝北,或坐西朝東,而顧客的聚集點也在房屋坐朝的方向,那麼商鋪的門就只有朝北、朝東了。

如果是這樣,商鋪又犯了門不宜朝門的忌諱,在夏季商鋪就要受到烈日的直曬,在冬季商鋪就要受到北風的侵襲。在這種情況下,不妨運用陰陽五行相生相剋的定律處理。

如果是經營旅館業的,夏季除了在旅館門前搭遮陽篷外,還可以在旅館的前廳擺置一個大的金魚缸,擺上若干盆景。金魚缸屬水,盆景屬木,都可以達到室內的熱氣減弱的作用。

◆公司大門的設計

　　大門不但是一個公司的門面、外部形象，也是人流，物流的必經之地，是一個公司的氣口，所以設計好公司的大門非常重要。一個好的大門，對生意的成敗有起死回生的效果。

　　從風水上學說，氣代表財，門大則財進得多，但如果商鋪的門做得太小，其實就是縮小了商鋪的氣口，不利於納氣。把商鋪的門拓寬，或者把商鋪的門全部拆除，這樣把門加大了，也就是擴大了商鋪的風水，滾滾財源就可以進來了。

◆門口對著T型或Y型路口

　　如果商業大樓出入口的大門對著T字形和Y字形路口，都是沖煞的格局，此時可以在正對來路的位置加建一個水池，或是將大樓的入口改在側面，以擋住和避開迎大路而來的煞氣。

　　在店鋪前栽種樹木和花草，也可以達到緩衝煞氣的作用。樹木和花草不僅可以迅速地將衝擊而來的氣流吸收並且化解，還可以增加生氣和消除塵埃。

◆沿街舊店鋪的門向

　　我們常可看到一些利用舊店鋪改建的門。這種商店的房屋原先大多是作為房屋使用的，大門口上方往往沒有伸出來遮陽遮雨的預製板或平臺。這種經過加工改造的房門不宜顧客進出。如果沒有其他辦法，可以在大門額上方搭出一個陽篷，以避免店鋪受烈日的暴曬，也使顧客在商店門前有一個歇腳的地方。同時，避免下雨時雨斜射入屋內。

◆商鋪大門對著牆角

辦公室或店鋪大門正對著其他建築的牆角，視野會受到阻隔，出現從門內往外看時一半牆壁一半空地的格局，這就形成了所謂的「隔角煞」。從外形格局上看，這樣的形狀極其像是一把大刀朝大門砍去，像是要把大門切成兩半，氣流也會因為受到阻隔而無法順暢地通過大門被吸收。

在風水中，隔角煞是大凶的格局。如果辦公室或是店鋪有這樣的情況出現，不僅會使員工出現健康方面的問題，公司的經營狀況也會因此受到影響，導致財運不佳。

在出現這樣的隔角煞時，改變大門的位置和角度是最佳的化解方法。

◆商鋪大門正對著高速公路

隨著城市建設的發展，高速公路越來越多。由於快速通車的要求，高速公路邊一般有固定的隔離設施，兩邊無法穿越，公路旁也較少有停車設施。

因此，儘管公路旁邊有單邊固定和流動的顧客群，也不適合作為商鋪選址的區域。通常人們不會為了一項消費而在高速公路旁違規停車。另外，高速公路的路沖煞比較嚴重，對人的健康也會造成一些不利的影響。

◆商鋪大門比馬路低

大門如果比馬路低，馬路上的灰塵就會輕易進入房屋，對健康不好。並且，氣流往往順著馬路流跑了，流進房屋的反而是一些污濁之氣，非常不利於宅主發財。從風水上講，大門低於馬路，是節節敗退之相，生意會越來越差。

◆商鋪大門正對著辦公室

在對辦公室進行設計時，如果將辦公室的大門與公司大門相對就會產生相沖的格局。當生氣通過大門進入公司以後，會直接衝向辦公室，這種氣的直沖對運勢非常不利，會影響到冷靜思考。同時，大門也是公司中人員進出比較頻繁的地方，來往的人流對辦公室員工的工作也會產生干擾，影響效率。

◆斜門

斜門是指大門與房屋的朝向不是呈垂直角度，由於其發音與「邪門」相似，而且又容易與鄰近建築物形成尖角沖煞，因此為了避免帶來不吉，斜門一般都是需要避免的格局。

但是，有些情況下卻需要通過改開斜門改變風水格局。當有道路直沖大門，也就是犯槍煞的時候，改開斜門可以避免與煞氣的衝撞。

如果是道路垂直相對的直槍煞，可以將大門改為斜開，以避開直沖角度為宜。如果是大門與道路從左邊或右邊斜沖的斜槍煞，則可以將大門改為與沖煞方向相反的斜開門，這樣就可以使沖煞帶來的危害得以改善。

◆大門正對著電線杆

如果大門對著電線杆，是犯了懸針煞。電線杆就像一根隨時懸在面前的針或棒子，時刻刺向或敲向房屋，十分兇險。化解的辦法是在門上懸掛一面凸面鏡，或在門內設置內玄關，並用屏風遮擋，使煞氣不至於長驅直入。

◆商鋪的開門避開不祥之物

無論從顧客心理或環境的角度上看，商鋪的大門應避免正面對著不吉祥的建築物。

風水中所說的不吉祥建築物，主要是指一些煙囪、廁所、牛欄馬廄、停屍間、殯儀館、醫院病房、監獄等，使人感到心理不適的建築物。因為這些地方，會帶來黑煙滾滾、臭氣熏天，或是哭號、病吟等。由不吉祥的建築物帶來的氣流、聲音和味道，風水視之為「兇氣」。

◆門前柱

在風水中，門前有立柱的格局被視為是「穿心煞」，不僅會擋住人氣和財路，也會對進出造成影響。門前柱屬於形煞，因為這些柱子一般都是承重的主柱，所以顯然不可能通過改變柱子自身的位置來化解沖煞。

在不能改變柱子位置的情況下，如果想要利用門前柱來進行風水改造，最好的辦法是將原有的大門拆除，把大門兩側的牆壁延伸到門前柱的位置，然後再將大門開在更為適合的位置。

透過這樣的改造，原本突兀的門前柱就變成大門牆體的一部分，不僅消除了原本的形煞，改變風水，而且還增加辦公場所的使用面積，可謂一舉兩得。

◆公司大門對著電梯

電梯在風水上被稱為「開口煞」，又叫「白虎開口煞」。在商業大廈中，大門對著電梯的公司隨處可見，雖然這樣對員工和來訪者來說是非常方便的事情，但是不斷開合的電梯像是一把刀，帶著非常嚴重的煞氣。隨著電梯的上下和電梯門的開關，會使原本平衡的氣流受到破壞，從而導致店鋪或辦公室的氣場不穩定。

電梯門的一開一關，看上去就像是白虎在不斷張嘴想要咬人一

般，這種凶相會造成運勢不濟，就算生意再好也很難守住賺來的錢財，員工也會容易發生疾病，招致血光之災等。大門與電梯的距離越近，受到的沖煞就越厲害。

想要化解這種對財運不利的格局，可以在公司大門口加上一塊屏風，或是設置玄關，利用這道屏障改變原本直沖的格局，使直沖的氣流向兩邊轉彎之後再進入公司，同時也能有效地阻止公司的內氣外泄。

◆大門對著手扶梯

在商場或是一些較為大型的市場中，通常都會使用手扶梯。這樣的設計主要是為了方便顧客，但也包含著很多的風水問題。尤其是對於那些大門對著手扶梯的公司來說，風水的好壞會直接受到手扶梯走向的影響。

手扶梯由下而上在風水上可以被視作是「抽水上堂」的格局，在這種情況下，公司無論是位於手扶梯上下的哪個口子，對運勢都非常有利。因為人流會隨著手扶梯的運轉源源不斷地被送到公司門口，有利於人氣和財氣的聚集。

與抽水上堂的格局相反，如果手扶梯是自上而下，那麼上下兩個方位就會有截然不同的運勢。對於上面的公司來說，手扶梯不僅無法使人氣聚集，就連本身所具有的旺氣也隨著扶梯的運轉被帶走，從而形成退財的格局，這在風水上被稱為「捲簾水」。但是對於下面的公司來說，自上而下的手扶梯不停地將客源運送到門前，人氣就是財氣，生意自然也就比較容易旺起來。

◆大門正對著樓梯

在風水學中，大門正對樓梯的格局被稱為牽牛煞。作為氣流流動的入口，樓梯這個位置的氣場運動特別活躍，但是無論樓梯是向上還是

向下，這個位置的氣流都無法形成穩定的積聚。當這樣不穩定的生氣被大門吸收之後，會導致公司的運勢不穩。

如果是面對向下的樓梯，氣流會順著樓梯向下流失，更是被視為退財的格局，不僅會造成公司財務上的問題，使公司業務無法穩定，還會影響到團隊的凝聚力。當遇到這樣的問題時，可以在公司門口懸掛中國結化解，也可以在大門口擺放山海鎮或是武財神，都可以達到化解煞氣的作用。

當然，如果大門正對的樓梯是向上的，那麼對公司財運的影響就會弱一些，基本上不會引起財氣外流。如果能夠在大門裡邊放上葉子較大的綠色植物，還可以達到吸納財氣的作用。

◆商業大門宜寬而不宜窄

如果商店的門太小，按風水的說法，就是縮小了房屋的氣口，不利於納氣，氣的流入減少減慢，就會影響屋內的生氣，增加死氣。並且，顧客出入都會非常不方便，如果是貨品進出則有可能損壞商品，人多時容易造成擁擠不堪，人們都喜歡舒服寬敞的購物環境，這樣的情況會讓外面的人進不來，從而影響生意無法進一步成交。還有，如果門太小的話，就會給不法分子可乘之機，他們可以會趁著人多亂雜的情況偷盜店裡或顧客的財物。

把商店門加寬，甚至把門全部拆除，就是擴大了納氣的「氣口」，以上情況就不會出現了。並且還會將商品更好地展示給顧客，方便顧客選購。從商店投資的效益上來說，就可以在不用擴建商店的基礎上，增加商店的經營空間和營業面積。

◆大門開在中間

對於樓層面積較大的辦公室來說，如果外面有較為開闊的公共活

動區域，就可以看做是明堂。在風水中，明堂有著良好的聚氣匯財的作用。爲了能夠將彙集於此的吉氣充分吸納到辦公室中，最佳的辦法就是將大門開在面對明堂的中間位置，這種格局在風水上被稱爲開「朱雀門」，對辦公場所的納氣非常有利。

但是有一點必須注意：門前的明堂不能是形狀狹長的道路，否則就會變成犯「槍煞」的格局。

◆門開在「龍邊」

一般來說，無論是店鋪還是辦公室，都會把門開在中間，這樣符合中國傳統的審美觀念，從外觀上來講也美觀大方。但是按照風水中「左青龍、右白虎」的說法，店鋪和辦公室的大門開在青龍位，即「龍邊」，才是最佳的選擇，這樣公司業務不斷、生意興隆。

判斷的方法就是：在室內面朝出口方向站立，左手邊是青龍位，右手邊是白虎位。

◆生辰八字與大門方位確定的關係

風水上根據生辰八字選擇大門的方向，是比較常見的做法。大門的方向與生辰八字的吻合度越高，公司的人今後的財運也就越好，否則往往會事倍功半。大門的方向必須以業主的生辰八字爲准。

如果是商業大樓，那就要以大樓的產業所有人爲準。如果是公司，就應該以老闆的八字爲準。另外，爲了獲得更佳的風水效應，除了配合八字之外，大門的方位還應該結合所有人的流年，不僅要找出當年最爲吉利的方向，還要根據其命理中的五行缺失來確定最終的朝向。

關於商鋪的方位宜忌，風水師常會以商鋪經營者的屬相來確定。這種以經營者屬相來確定商鋪朝向宜忌的做法雖不切實際，但也不妨參考，以求得心理安慰，羅列如下。

屬性	忌	宜
屬鼠的人	坐南（未山）向北方	坐東向西方，坐北向南方，座西向東方
屬牛的人	坐東（辰山）向西方	坐北向南方，座西向東方，坐南向北方
屬虎的人	坐北（丑山）向南方，坐西（申山）向東方	坐東向西方，坐南向北方，坐北向東方
屬兔的人	坐西（酉山、山）向東方	坐北向南方，坐南向北方，坐東向西方
屬龍的人	坐南（未山）向北方	坐西向東方（除坐西向東方），坐北向南方，坐東向西方
屬蛇的人	坐西（辰山）向東方	坐南向北方，坐北向南方
屬馬的人	坐北（丑方、子山）向南方	坐東向西方，坐西向東方，坐南向北方
屬羊的人	坐西（戌山）向東方	坐北向南方，座南向北方，坐東向西方
屬猴的人	坐南（未山）向北方	坐北向南方，坐東向西方，坐西向東方
屬雞的人	坐東（辰山）向西方	坐北向南方，坐南向北方，坐東向東方
屬狗的人	坐北（丑山）向南方	坐南向北方，坐西向東方，坐東向西方
屬豬的人	坐西（戌山）向東方	坐北向南方，坐東向西方，坐南向北方

◆兩道大門在同一直線

　　如果商業大樓中有兩道和兩道以上的門，而正好又處於同一條直線上的話，這是不利於聚氣的現象，要儘量避免這種格局。這種情況，不管其地理位置多好，人氣多旺，直沖的氣流都會很快流失，吉氣無法

被吸收，運勢自然也就不會旺。化解辦法是改變其中一扇門的位置，使兩道門錯開。但是，如果受到環境、消防等條件的制約，也可以在門上加裝門簾，以阻擋氣流的直沖。除此之外，如果相連的兩道門中正好有一道門是公司的後門或者是消防出口，那麼還可以通過改變門的使用性質來消除沖煞。具體做法是將這道後門或消防門改為單向進出，並在門上加裝門簾，只能出不能進。這樣就形成風水上所謂的「旺來衰去」的格局，既方便來訪者的通行，也有助於人氣的聚積，提升運勢。

◆根據車流方向確定大門位置

對於面對馬路的店鋪或辦公室來說，門前道路的車流方向是確定大門的重要依據。

同樣是按照道路車流即水流的觀點來看，如果門前的行車方向是從左向右行駛，那水氣的流動方向也就是從左向右。此時，為了能夠吸收水流所帶著的氣，最佳的辦法是將大門開在右邊。

與之相反的是，如果門前的車流是從右往左行駛的，那麼開在左邊的大門就更能接納到從右往左流動的氣。遵循這樣的原則來確定位置，大門才能納氣聚財，使客源不斷、財運旺盛。

◆對面大樓的大門更大

現在社會流行商圈，因此城市的商務辦公集中區域往往是辦公室林立，兩棟商業大樓隔街相對的格局並不少見。這時，就需要注意自己所在大樓的大門與對面大樓大門的大小比較問題，如果大樓的大門的尺寸恰好小於對面那棟大樓的大門的話，在風水上是降低運勢的格局，看上去像是會被對面的大樓吞掉一樣，會導致在其中辦公的公司財運不佳。

為了改變這種格局，可以在大門上方裝上防雨的頂棚，並盡可能

地向街邊的人行道延伸，當然還是要以外觀上的美觀為前提。這樣能夠使大門吸納到更多的生氣，利用旺盛的氣場抵抗對方的壓制。

◆商業大門利用水催財

無論是商業大樓的出入口，還是公司的大門，都與財運息息相關。水能夠聚集財氣，想要提高公司的財運，最好的辦法就是讓公司的大門口多一些水氣。

對商業大樓來說，出入口一般都會有一片小明堂，可以利用空間優勢在此地設計一個小魚池，或是製作一個小型的噴泉景觀，活躍的水氣可以為大樓帶來更好的生氣，從而提高財運。

如果是公司大門，因為受到位置和面積的局限，可以通過在大門擺放風水魚缸來催財。另外，在大門口擺上兩盆水生盆栽也能達到催財的功效，如蓮花、富貴竹等都可以，也可以用帶水的插花替代。

◆風水石獅子

自古以來，石獅子都被視為是風水上的瑞獸，不僅可以化解很多房屋格局造成的形煞，還可以增強建築物的陽氣。獅子生性兇猛，所以才會有鎮邪護宅的作用。在辦公室門口或是店鋪門口擺放石獅子，不僅是一種建築裝飾，更有助於提高財運。但應注意，要將獅頭向外擺放，否則獅頭沖著門內就會變成一種凶相。

在門口擺放風水石獅子，必須是一雄一雌成對擺放。不同性別的獅子，其擺放位置也是有講究的。一般說來，雄獅會是爪子抓著繡球的造型，可以保平安、護事業，要擺放在大門的左側。雌獅的左前爪下或是兩隻爪子之間會有一頭小獅子，有招財運、匯吉氣的作用，需要擺放在大門的右側。區分左右方位以在大門口面向門外站立為判斷標準，切忌左右顛倒。

另外，如果發現風水石獅子有破損而需要更換時，不能只將損壞的一隻更換掉之後再擺上新的一隻，而是需要成對一起更換。

◆商業大門設燈

為了在夜間也能招徠顧客，商業大門的上方都會佈置一些燈具，一般來說，商業大樓門口會掛上兩盞燈，這樣不僅可以在夜晚給進出的人提供方便，明亮的大門環境對風水其實也是有幫助的。

但門口的燈最好選擇方形或是圓形造型的，不宜選擇三角形外觀的。另外，光線的亮度應當適合照明就好，太亮會引起神經緊張，而太暗又無法照亮運勢。

此外，當門口設有照明燈時，應該要經常檢修，遇到損壞時要及時維修或更換燈泡，千萬不要使大門口出現孤燈獨明的現象，此乃風水上的大忌。

◆大門外觀

　　儘管玻璃門已經成為大多數商業大樓大門的選擇，但是因為其不利於隱私的保護，同時也很容易損壞，所以有些商業大樓還是會選擇傳統的木質或是鋼製的大門。

　　不論是木質還是鋼製，厚實的大門都會對運勢產生幫助。現在，市面上有許多看起來非常厚實的大門，其實是中空夾板做的，從表面上看起來很結實，其實門的中間卻是空心的，不僅不利於防盜，同時也是敗運的表現。

　　在選擇大門時，必須要注意大門正面的外觀，儘量避免過多的凹凸設計，否則會導致運勢不穩。為了大門的美觀，有的大樓會在大門四周裝上門框，由於受到氣候的影響，木質大門容易受潮變形，而鋼制的大門也會在意外衝撞力的作用下產生變形，為了不影響財運，出現變形時應儘快進行更換。

◆商業大門的開法

　　從風水上說，大門是納氣的入口，掌握著整個商業空間的氣的進出，所以如果將大門的開合方向設置成朝門外的話，從格局上來看就是將空間內的生氣往外送，生氣的流失必然會導致運勢的下滑，形成破財的格局。

　　從另一方面來看，大門朝外開時，還容易對外面的通道形成障礙，阻礙通行。由此看來，大門向內開合的格局其實是順應氣流運動的方向，使大門的納氣更加順暢。

◆商業大門的大小

　　商業大門與住家大門的設計風格不同，住家爲了不讓家中的財運外泄，所以大門不適合設計的太大，但商業大門卻是要廣納財源，當然吸納的氣越多越好了。如果是門市店面，最好是大而通透，因而大門的材質採用玻璃比較適宜。酒店、大廈的門則應該設計得莊嚴、氣派，比普通的門更加高大、明亮。

　　但這並不意味著大門越大越好。大門是空間的納氣口，有的商業大樓爲了追求氣派，將大門設置得過於寬大，這樣雖然方便人員的進入，但是卻未必對運勢有利。從風水學的觀點來看，大門的尺寸應該與商業大樓的規模成正比。如果是大型商業大樓，寬大的大門可以吸納到更多生氣，才能更好地滿足其內部公司及其他機構運行的需要，否則人多氣弱，運勢也就會大打折扣。反之，如果只是小型的辦公室，太大的大門雖然可以吸納生氣，但是這些生氣如果不能很好地被吸收利用，反而會造成洩氣的格局，公司大門的格局也是如此。

◆商業大門的高度

　　在風水中，大門的高度也是非常有講究的。大門太高，從外觀上看上去就像是監獄的大門，讓大樓或公司內的人有被囚禁的感覺，是大凶之相，不僅對公司和員工的運勢都不利，還容易使門內工作的員工變得浮躁不安，決策層也容易變得貪婪而作出失去理智的決策。相反，如果大門太低，會對人員的進出造成影響，閉塞的格局還會使生氣無法進入，從而導致諸事不順，使人信心不足。

　　一般來說，商業大樓或是公司的大門以兩公尺左右高爲宜，關鍵還是要與所在的建築規模成比例，這才是最佳的格局。

◆使用拱門

　　無論是出於什麼原因，商業大們都不能被設計成拱門造型，這在風水學中是非常不好的格局。因爲如果按照傳統的觀念來說，只有在墓地的設計裡才會使用到弧形的拱門，商業空間的大門採用這個格局當然就是犯了大忌了。

　　除此之外，和房屋的要求一樣，商業空間的設計也儘量要求保持靜態。圓形拱門往往設計成一定弧度的彎曲狀，而曲線的五行屬水，也就說其具備了動的特性，這就違背空間風水的基本要求，所以應該盡力避免。

◆商業大門的顏色

　　作爲店鋪和辦公室納氣的關鍵點，除了位置和佈局之外，大門的顏色也會對風水產生非常大的影響。一般來說，從五行生剋的觀點來判斷大門的顏色比較合適。

　　作爲商業場所，在沒有特殊需求的情況下，大門選用屬性較爲中性的顏色比較合適，其中最理想的顏色是灰色和黃色，不僅可以聚氣招財，還可以確保業主和員工都身心平安。

　　五行中的每個屬性都有其對應的：色彩，其中金、木、土三個屬性的顏色可以放心使用，比如白色、棕色、青色等，一般都不會招致風水問題。但是，水性和火性的顏色一定要慎用，比如紅色、黑色等，用在大門上都會引發爭端，導致退財。

　　根據風水的分析方法，八卦中的每個方位都有自己的五行屬性，如果大門的顏色與其所在方位的五行相同或是相生，都是比較吉利的格局，如果兩者相剋，就會導致財運的下降。

　　如果大門朝向正東或是東南，其五行屬木，可以用同樣屬木的青

色或是綠色。如果覺得這些顏色過於鮮豔，也可以利用五行中水生木的原理，選擇黑色、藍色和灰色作為大門的顏色。

如果大門朝向正南方，其五行屬火，那麼紅色和紫色是比較不錯的選擇，另外也可以選擇綠色或是青色等木性的顏色。

大門朝向正西或是西北時，其五行屬金，白色、金色和銀色都比較適合。在五行上有土生金一說，所以也可以選擇黃色、咖啡色、茶色和褐色作為此方位大門的顏色。

當大門位於正北方向時五行屬水，適宜選擇黑色、藍色、灰色。根據水生金的五行原理，還可以選擇白色、金色和銀色。

當大門位於西南、東北方位時五行屬土，褐色、黃色、茶色、咖啡色等同樣屬土的顏色，以及紅色、橙色和紫色等屬金的顏色，都能達到生旺的效果。

雖然大門的顏色可以按照五行、朝向來進行選擇，但用色的搭配還是要結合實際，注意美觀，不可為了追求五行的相生而一味地使用過於豔麗的顏色，整體的協調性也是非常重要的。

特別是紅色的大門，雖然對某些朝向來說比較吉利，但是不建議在整扇大門上使用，因為一般只有廟宇之類的建築才會用紅色的大門，且容易引發火災。如果需要配合五行來選擇顏色，那麼紅色最好使用在地毯上，一來避免忌諱，二來從整體上說也比較協調。

◆大門的圖案

為了使大門看起來更加美觀，許多商業大樓和公司在設計大門的時候，往往會在上面設計一些圖案，此時就必須要注意到這些圖案與大門方位的五行屬性的生剋關係，這也與公司的財運息息相關。

在五行中，圓形、半圓形屬金，長方形屬木，波浪形、梅花形屬水，三角形屬火，正方形屬土。依照以上的形狀進行五行分類，如果大

門圖案形狀的五行與朝向的五行相同或相生，都是有利於公司財運的格局。

　　如果是相剋的格局，兩者的剋制順序不同，運勢就會截然不同。當大門圖案形狀的五行剋制朝向的五行時，對公司運勢來說就是凶相了。但是，如果是大門朝向的五行反過來剋制圖案的五行，那麼公司的運勢就不會有太大的變化，經過長時間的不懈努力還是可以有所發展的，只是需要付出更多的心力。

◆帶有木紋的大門

　　經過多道加工工序的技術處理，現在的木門大多具有隔熱保溫、不變形、耐腐蝕的特點，同時還有很好的隔音效果。因為採用的樹種不同，木門上的木紋也會有不同的紋理變化。在安裝這類帶有木紋的大門時，木紋的生長方向也會對運勢產生影響。

　　一般說來，大門的木紋會有三種呈現方式，紋路從下往上生長叫順紋，如果生長方向相反則稱為逆紋。為了確保大樓或是公司的運勢順暢，應該使大門上的木紋保持順紋的方向，一旦弄反了方向，就容易引發不顧，使今後的發展道路困難重重。

◆大門的風水意義

　　大門是一間房屋生氣的主要出入口，它將外面的世界與家人的私人空間隔離開，是人和物進出的通道。從家居風水上來說，它影響著家人的生財納氣，人際關係和貴人相助等，因此，大門設計得好壞，會直接關係到這個家庭的興衰命運、房屋的興衰、宅主的人際關係、是否有貴人相助的重要氣口。大門的朝向、所面對的事物、大門的大小及顏色，都關係房屋的吉凶、宅主的興衰。古人雲：「氣口如人之口，人之口正，便於呼吸飲食；人之門正，便於順納堂氣、人物出入。」由此可見，大門在家居風水中的重要性。故而在建房、裝修時，應該特別重視大門。

　　從常理上來說，大門就像人臉，誰也不希望自己的臉骯髒、醜陋。所以，不要在門口擺放雜物和垃圾，要保持大門的環境整潔乾淨，不影響空氣的流通。家裡如果門比較多，那麼門及閘之間的格局也很重要。兩門相對時要注意設計問題，兩扇門可以相對但最好不要重疊，重疊同時還平行的兩扇門是不利的，會損害健康以及事業、家庭的發展。兩門相咬的狀況會使家人常常發生爭吵，而打開門就能看見牆或者其他房間的情景，就會擾亂氣流，以致人體內氣流異常。如果房間比較大，就把房門開大些，而小的房間就把門做小點，要兩相適應。大門會壓迫小門，浴室這些小房間的門太大，會導致健康問題，家人的消化系統會出現症狀。

　　現在一些大型房屋的設計會把很多房間連在一起，彼此相通。這一設計並沒有什麼，但是切忌出現從大門一直能通到底的門，或者是宿舍樓裡那樣一條長廊連著一排房間，這些都易導致外遇、私奔事件發

生。大門和後門處於同一直線，是不聚財的風水象。

◆大門位置

蓋房屋時，大門可不能想當然地開在任意的位置。在風水中，四個方向的門分別稱做前朱雀門、後玄武門、左青龍門和右白虎門（以站在家裡向外看為標準）。一般家庭沒有後門，只是從左右門和中間的朱雀門選擇一個。究竟把門開在哪邊，是因周圍地勢而異的。房屋的正前方地勢平坦，視野開闊，或者有水聚積，應該把門開在房屋的正中間。

大門口一般是街道，如果街道的路左高右低，那麼左邊路為來水路，右邊路為瀉水路，大門適宜開在右邊。左邊路長，右邊路短，道理相同。如果大門口的道路右高左低，那大門就要開在左邊，以收攏地氣。另外，大門一般不開正東北和正西南兩個方向。

◆大門的朝向

選擇大門的朝向時，必須遵循以下三點：

1. 門卦相配

大門要與個人的命卦配合，依照八宅風水，大門的方向要開在生氣方和延年方，才能收攏旺氣。

2. 財星到門

依照玄空風水，只要當運星到門，就能收山化煞，丁財兩旺。財星（水）到門見真水主發財，丁星到坐山見真山主丁旺。

3. 零正卦氣

依照玄空風水，大門要向水或馬路，就能收零神卦氣，及真山實地收正神卦氣。

◆大門外一些不宜物

別太鐵齒 你至少要懂的 開店風水學

房屋大門外的地方稱爲明堂，寬闊明亮的明堂會給居住者帶來好運。但是如果門外有東西就會給房屋帶來沖煞，這時就需要想辦法化解。造成沖煞的原因有：正對著馬路、樓梯、大樹、電線杆、死巷、深谷、牆角、反弓路等。

◆大門對著大樹

房屋的大門如果正對著一棵大樹，是非常忌諱的事情。因爲大樹本身有很強的陰氣，會阻擋陽氣進入房屋。大門是房屋的「氣場入口」，大樹阻擋了陽氣入宅，會對居住者的事業和健康產生很大影響，應儘量不要選擇正對大樹的房屋。

◆大門對著電梯

房屋是聚氣、養氣的地方，電梯每天都在工作，它在開關時，使氣流一吸一吐，肯定會影響到對面房屋的氣場。

根據風水的理論，有形即有煞，電梯入口就像一隻猛獸張開的巨口，大門對著這裡，就等於犯了「開口煞」，可以在門口與電梯的相沖處擺放劍葉紅、魚尾葵、棕竹來化煞。

如果大門和電梯各在走廊的另一端，則對房屋風水影響不大。另外，如果電梯在旺位，正對大門也是吉相。

◆大門對著走廊

大門如果正對走廊，長長的走廊的形狀就好像利劍穿心，這樣的格局在風水學中叫「穿心劍」。如果房屋內的進深小於走廊的長度，是大凶，可在進門處設置一個屏風，既美觀，又可避其鋒芒，增添祥氣。

◆大門對著煙囪

大家都知道，煙囪排出的氣，一般都是汙氣、廢氣，在風水上，這種風屬於死氣、衰氣，是陰氣。如果大門對著煙囪，使陰氣不斷流入室內，肯定是大不吉。如果無法讓煙囪停止排氣，那只能常關自家的大門了。

◆大門對著大門

房屋大門相對的情況相當普遍，在我們看來最正常不過的現象，在風水學中卻成了「門沖煞」，有「兩門對面謂相罵」，主家不和的說法。即居住者不管與家人還是同事，都容易為一些瑣事而發生口頭摩擦。不過，這種影響並不大，值得重視的是大門被一條直而長的走廊沖到，再加上門對著門，問題便會接踵而來。

如果門向東、北和東北、西北，則家中的男性容易招惹是非。如果門向著西、南和東南、西南，則家中的女性容易招惹是非。

◆大門對著房門

大門和其他門窗連成一條直線，在風水學中叫穿堂煞。這種情況下，氣流進入大門後會直接從其他門窗流走，無法在房屋內緩慢地迴圈並積蓄能量，從而造成破財、車禍、爭吵、離異等不良狀況。在房屋風水中，講究的是「藏風聚水」，氣流進入大門後，在屋裡曲折緩慢流動為吉。因此，穿堂煞的結構必須化煞。可以利用屏風、酒櫃、鞋櫃或其他傢俱將這條線上的門窗隔開，以阻擋氣流。

◆大門與房門在一條直線

風水學上認為，房屋的大門與屋內的門在同一條直線上為穿心煞，是非常不吉利的風水格局。這種格局使外人對家人一目了然，內外門相穿，不能聚集財富。化解這種煞氣的辦法有很多，可以在一進門處

設計玄關，或者擺放屏風、高大的木本植物都可以達到化煞的效果。

◆大門對著樓梯

樓梯分為向上和向下兩種。大門對著向上的樓梯會給房屋帶來財運，上方的財氣會順著樓梯流入房屋中。

同理，如果大門正對著向下的樓梯，財氣也會隨著樓梯向下走，居住者家裡會有金錢的損失，工作上勞而無功，生活上入不敷出。如果別人借你的錢，一定當心有借無還。化解的方法是在門楣處掛一塊凹鏡，將流走的氣收聚在一起。

◆大門對著窗戶

家中的大門對著窗戶，也就是大門與視窗成一直線時，最不利財運。大門位於吉方時，從大門吹進來的風是吉利的，本來在室內可以形成吉利的氣場，但由於正對面的窗戶，又將吉利的風吹了出去，無法讓這吉氣聚集於屋內，因此影響宅運。錢財與房屋大門的關係最密切，所以門窗相沖容易破財。房屋的大門和窗戶在一條直線上，從門與窗戶進入房屋的氣相對直沖，導致房屋容易破財。化解這種情形的方法是：經常拉上窗簾，或者在窗前種一些植物，但是不能選仙人掌類帶刺的植物。

◆大門對著牆壁

遇到不順的事情，有人會形容是「碰壁」。事實上，如果每天一出家門就看到牆壁或一根大柱子，心情怎麼也不會愉快的。要改變的方法很簡單，可以在牆壁或大柱子上貼一幅自己喜歡的圖，如春意盎然的風景圖等，每天看到就會心情愉快了。

◆大門對著鏡子

鏡子本身並沒有吉凶，主要看鏡子放置的位置，如果鏡子放置在大門處，一進門就正對著一面鏡子，是非常不吉利的風水，因爲鏡子會把從大門進入房屋的財氣和陽氣反射出去，同樣影響氣流的流通，給宅內的人帶來不吉。

◆大門對著廁所

進入大門通常就是客廳，如果一進門就看到廁所，如同穢氣迎面，這種結構容易導致家庭經濟困難，夫妻不和，身患怪病等不良狀況。化解的辦法，就是經常關閉廁所的門，保持廁所的乾淨整潔，常開廁所的窗戶通風，消除廁所異味。

◆大門對著廚房門

大門正對廚房門，在風水上非常不吉。大門屬於氣口，廚房屬火，有煽風點火之嫌，對家人健康不利；其次，廚房在風水上爲房屋的財庫，古語說：財不露白。因此，客人一進大門即看見你家中的「財庫」，自然不吉。

化解方法，可在兩門之間的走廊上放一棵高而多葉的植物，或者在廚房門上吊植物，以作爲阻隔；或者在走廊上設置隔門，門以上半邊爲玻璃、下半邊爲有孔木板爲宜。

◆兩扇大門對開

如果房門由兩扇門組成，那麼，無論是在開門時還是關門時，這兩扇門的方向都要保持一致，這一點從門把手就可以斷定。兩扇門組成的房門最忌諱的就是一扇左開，一扇右開，這是破財之相。

◆大門對著牆角

如果大門對著別人家的牆角，而且距離小於15米，這樣的格局就形成了「斧頭煞」，大門裡的居住者受氣場分割的影響，容易患神經衰弱。除了健康和財運受影響之外，甚至還會形成血光之災。

化煞的方法，就是在牆角放一盆茂盛的綠色大葉植物，假盆栽也可以。

◆門前有條直路

如果房屋的大門被直路相沖，俗稱「犯路沖」，化解的方法很簡單，可以在門口做一個三寸六高的門檻，門檻底下壓五個銅錢。如果不便做門檻，還可以在門口種上環形花叢，以圓潤化解直沖而來的外力。

◆大門設計

在大門設計上要注意這樣幾個方面，以避免不吉之象：

1.門大家小

門大家小是風水學上的一大凶相，但是所謂的門大家小有很多種情況。

首先是身份地位和修建的大門等級不符合，因為大門的樣式要依據居住者的身份地位修建，門上的各種裝飾也有等級區分的，如果修建大門時僭越了自己的身份等級，這會使居住者的命格承受過重的壓力，甚至會攪亂命格，帶來重災。

其次是調和，大門是房屋的一個部分，門有問題會影響整個家的運勢，還有居住者的身體健康。所以，挑選房屋時一定要注重門的大小，千萬別「門大家小」。

2.「進戶門」朝向錯誤

所謂進戶門就是房屋大門，這個門絕對不能在西南、東北方向上。這兩個方向是小偷經常光顧的地方，而且還有桃花劫，在錢財交易上也會有些問題。大門開在西南、東北方向，家裡人都會變得浮躁，經常沒有經過仔細考慮就去做事情，從而導致發生錯誤或者失誤，就會產生惡性循環，比如工作失敗、信譽不好，等等。

現代大廈設計比較節省空間，很容易出現西南、東北方向開門的情況，所以在挑選房屋時一定要注意。

3. 大門顏色不吉

大門是家庭的門面，門的顏色就是一個家庭的面色，能否積蓄得住家中的氣流，關鍵在於大門。

搶地氣是把家宅附近的吉氣都吸引到自己家裡來，而這個功用是要大門承擔的，大門設計得好，很容易搶到地氣。如果家裡運氣不太好，可以考慮改變大門的顏色來改變運氣，以求能改變家裡的時運，積攢吉氣。

但是改換門的顏色不像換桌子那麼容易，關係重大。需要挑合適的時機，根據房屋的坐向、方位和房屋主人的陰陽五行來安排設計，而門改成什麼顏色也要根據這些情況精心挑選，這都是風水學上的大學問。

4. 慎用拉閘式防盜門

為了維護家人的安全，一般都會安裝防盜門，普遍的就是拉閘式防盜門了。

這種防盜門是金屬制的，對於五行屬金的人來說，這樣的防盜門是好處很多的。但是，正是因為這種防盜門是金屬的，會遮罩掉很多地球的磁場和氣場，甚至影響到室內的磁場，使房屋的氣場混亂，極容易產生風水凶相。而且拉閘式防盜門就像一個囚籠，把人都困居室內，會影響家人和訪客的情緒。

5.門外燈光宜明亮

　　大門外應該選用較亮的燈，才能照亮大門，令人感覺舒適。如果安裝一盞鹵素燈，強烈的燈光照在門上，就如同在耀眼的舞臺一般，象徵著宅主的成功。不過門燈最好還是視宅主的職業而定。律師、醫生、會計師等從事理性職業的人，可以選擇白色的燈光；公關、演員或從事以創意爲主工作的人，則適合選擇黃色的燈光。

◆房內門太多

　　風水學認爲，一所房屋如果在四方開門，就會有氣流從四方湧入，雖然收納四方之氣，卻因爲氣流相互衝撞而有害風水。應根據宅命盤中利於宅主的方位開一扇或兩扇門。

　　一間房屋中如果門開得過多，也會令氣流雜亂。面積在一百平方米以下的房屋，房門最好不要超過五個。房屋裡應該避免出現與客廳相連的房門過多，這樣會給人一種迷宮的感覺，造成視覺上的混亂。如果把臥室、廚房、洗手間的門都直接開向客廳，不僅影響客廳的使用功能，還會出現某種使主客雙方都不願意看到的窘境。

　　如果房內的門太多，則應隨時將洗手間和廚房的門關閉，避免讓洗手間中污穢的陰氣以及廚房中燥熱的陽氣留在房內，使房內的氣息清純，以利於宅運的平穩。

◆大門的大小

　　大門的尺寸大小，以適中爲度，大門的尺寸要與房間大小協調，既要配合房屋的大小，也要符和主人的身份。

　　如果房屋小而門大，從外表來看，顯得浮誇，從風水學來看，室內的氣容易流動，有損財運，另外，由於屋內氣流浮動，家人也會心浮氣躁，容易引起口角之爭，使家庭不和。如果房屋大而門小，主人會在

錢財方面越來越吝嗇，事業方面也變得縮手縮腳。

　　如果有院子，院子裡房間的大門高度也要適宜。內大門的高度如果太高，就會形成獄門之局，但是過小，又形成閉塞之局，對主人來說是凶相，導致萬事不順。

◆大門的風格

　　房屋的大門裝飾以實用、莊嚴、美觀為原則，不要裝飾得太豪華，容易招致禍患。相反，如果是商鋪的大門，或者是門市的店面要大而明亮；機關、學校、工廠的大門則大而得體；商業用途的大廈門要莊嚴氣派。

◆大門的高低

　　大門的高低與房屋的吉凶也有直接的關係，房屋的門一定要高低適中。如果房屋的門太低，人進出都要低頭，不是吉祥的徵兆，如果房屋的門過高，那麼家人就容易遭外人詆毀，而且不利於家人的財運。

◆大門的門扇

　　房屋大門的門扇的寬窄與房屋的吉凶也有直接的關係，大門的門扇如果太窄，房屋裡面的人就會心胸狹窄，人緣差，財氣少，如果兩個門扇大小不一，那麼就會導致夫妻感情可能會出現問題。

　　門是房屋的氣口，也是財氣進入房屋的通道，有人就以為房屋的門越多，進入房屋的財氣也就越多，其實這種想法是錯誤的。

　　房屋的門過大則財氣不聚，房屋的門多也會使氣散財失，而且人丁不旺。同一面牆壁開一扇門為宜。

◆大門破裂

房屋的大門由門柱和門扇組成。門柱就是門的四個面柱子或門框，門扇就是門本身。如果門柱或閘扇有點彎曲或者破裂，那就表示財神不進來，窮神反而進來了，所以房屋的門破裂了要及時修補、更換。

◆橫樑壓門

房屋大多都有橫樑，在裝修的時候要想辦法把橫樑遮蓋起來。尤其是在裝修大門時要注意不能出現橫樑壓門。

家裡人每次進門即受壓制，代表在各方面都要仰人鼻息、鬱鬱不得志，一生無法出人頭地。如果有橫樑，可以用吊頂的方法，將它擋住。

◆大門材料

房屋的大門在裝修的時候要注意材料的選擇，大門的材質一般是石材、木材、金屬，如果採用木質大門，木紋不可倒置。無論哪種材質的大門，一定要耐久堅固，一旦發現鬆動和破損，應當立即給予修補或更換。

◆大門形狀

按照中國人的傳統，大門的形狀最好是長方形的，寓意做人堂堂正正。

大門也不宜做成拱形，這種形狀類似墓碑，很不吉利。雖然西方的羅馬式，哥特式建築裡那些巴羅剋風格的拱形大門也很普遍，但這畢竟是西方人傳統的審美觀。中國的傳統文化還是天圓地方，圓形屬天，拱形門只適合墓園或廟宇的門。

◆大門顏色

房屋大門適宜的顏色與大門的朝向有關，如果大門向東開，可以用黃色、褐色等色系調出較淺的顏色，給人穩重的感覺；如果大門向西開，則用紅色、綠色等一些較有活力的顏色。但是要避免大紅、深藍、黑色和白色。

◆門上的八卦

八卦是一種宇宙符號，掛在牆上只會化煞，不會對任何房屋構成不利。如果八卦上方再掛三叉或刻畫神將騎虎手執神器的一類，則會對其他房屋構成不利。因為三叉為尖銳物，神將手執的神器或騎著的白虎也帶煞，所以這樣的物件不宜掛在向著其他房屋的方位。

◆門檻的風水意義

中國傳統的房屋常常會設置門檻，以達到防止風沙吹進房屋，並趨吉避凶的作用。

風水上為了趨吉避凶，對門檻的高度有一定的規定。如果門前為一片空曠的平地，為了讓氣能聚集在屋內，應將門檻設置為五寸高。如果門前有條很長的直路直沖而來，則是犯了槍煞，為了擋煞，應將門檻設置為二寸六分高。如果門前沒有煞氣，門檻設置為一寸二分即可。

◆門檻的高度

一般來說，在門口加門檻對房屋風水是有好處的。但不要做得太高，太高容易把人絆倒。如果門外為一片平地，門檻則要做高些，以五寸高為最好，因為「五」數主五行，這樣可以阻止屋內的氣外泄。如果門外有直路相沖，或其他犯煞的因素，門檻要做三寸六分，這是與一年的日子相同。門口沒有犯煞，門檻高一寸二分即可，這是與一年的月份相同。

別太鐵齒 你至少要懂的 開店風水學

另外，門檻的作用是為了將房屋內的氣圍住，不外洩。如果門檻還沒外面的馬路高，自家地氣外溢，結果可想而知，肯定是財產入不敷出，越來越少。如果房屋的門外是向下的樓梯，也要加高門檻，以免造成家裡錢財的損失。

◆門檻斷裂

門檻是大門的重要組成部分，門檻斷裂就好像是房屋的大樑斷裂一樣，是大凶的徵兆。門檻完整才能做到宅氣順暢，因此如果門檻出現斷裂的問題，一定要及時更換，以免給房屋風水帶來不利的影響。

◆門口踏腳墊

在風水學中，不同的方位有不同的顏色屬性，如果能配合方位顏色來選擇大門的腳踏墊，必然能利於開運。

大門所開方位	適合的腳踏墊顏色
正南方	紅色
北方	黑色、藍色、金色、銀色
東方、東北方	黑色
南方、東南方	綠色
西方、西南方	黃色
北方、西北方	乳白色

▲腳踏墊的顏色應根據大門所開的方向確定。

◆門旁擺飾招財

　　掌握財運命脈的位置在大門的旁邊，所謂「山主人丁水主財」，有水的物品便能發揮財氣的作用。所以，最簡單的催財方法就是在門旁擺水或與水有關的物品，例如植物或插花等都有催財的作用。

◆門口雜物

　　房屋的大門是房屋的氣口，也是人進出的地方，如果堆放很多東西，肯定給人帶來不便，也會阻礙財氣進入房屋，其次，大門是招氣納財的通口，堆放東西勢必影響氣流的流通，影響陽氣進入房屋，對房屋裡的人是不吉利的。

◆開門見吉

別太
鐵齒
你至少要懂的
開店風水學

人們對房屋的感覺，在進門那一瞬間幾乎就決定了，因此第一眼所看到的東西非常重要。開門看到哪些物品適宜呢？

一是紅色的裝飾，即開門見喜，可以讓人精神振奮，內心溫暖。二是綠色植物，充滿生機的植物愉悅雙眼，讓人神清氣爽。三是圖畫，精緻的圖畫不但可以展現出主人的修養，也可以舒緩人的情緒，讓人變得放鬆。

◆大門連著幾個房門

如果是賓館或酒店裡，一條長廊連著一排房間，這種裝修格局是沒有問題的，但是如果是房屋也是好幾個房門由一條走廊連在一起，或是幾個門並排在一個走廊裡，這種格局對夫妻感情不利，容易發生外遇或出現私奔的情況。

◆房門對著牆

如果一進入房屋，就看到一面牆壁，這叫碰壁門，代表處處碰壁。無論宅主的命格如何，這種格局都會給宅主帶來阻礙。化解的方法是：可以在牆壁上掛一幅迎賓圖，或者在牆邊擺放一些花草類的植物帶來生氣。

◆門的把手

不管大門開在哪個方位，門把手都宜在左邊，也就是說，所有的門應由左邊開。所謂左青龍右白虎，青龍宜動，白虎宜靜，所以家裡的門都應從左開。也就是說，人站在裡面開門時，把手應在左側。如果開門左右顛倒，家庭容易為雞毛蒜皮的小事起紛爭。

◆門口放鞋櫃

從風水學上看，上街穿的鞋，帶有金、木、水、火、土五行的氣，氣場比較亂，若四處亂放，鞋子上的氣就會帶進屋子裡，影響到家人的運程。所以要把鞋子擺放在大門口的附近，不要帶進睡房。

◆大門突出牆面

風水學上認為大門突出牆面而太靠近馬路，相當於把財神推出門外，財神爺便會過門不入，這種大門突出牆面的格局對家人的財運影響很大。化解的方法是可以在門的左右兩邊做圍護，使財氣流轉進入房屋。

◆大門嵌入牆裡

大門嵌入牆裡，門前就多出了一塊空地，從風水上講就是門前形成的明堂，明堂大就容易彙集人群，這樣不僅對家人的人緣運有好處，還會給家人帶來財運，所以在修建或是裝修房屋的時候要把大門嵌入牆裡。

Chapter.05

門廳 風水

門廳設計風水
門廳方位風水
櫃檯風水
庭院風水

「民間信仰的「風水術」的主要理論建基於中國最早的充滿哲學思想的周易這儒家經典著作（主長多申合一人）、釋（主張因果報應和輪迴思想）、巫（主張神靈對人運的影響）、占星（主張星宿以學守形合一人）。

用中國最早的充滿哲學思想的周易這儒家經典著作，加上首（主長多申合一人）等。他們借用中國最早的充滿的。「民間信仰的充滿的。他們借用中國最早的充滿的。他們借用中國最早的充滿的排憂解難。「民間信仰的充滿的。

這儒家經典著作，加於傳統的陰陽學說，易經、與河圖、洛書。他們借用中國最早的充滿的。中醫知識去為人們治病救人，熟悉天干地支的具體屬性和運用他人們能理解的具體屬性和事物的。每一個真正的風水大師也好，真正的。

很多人都對陰陽理論有一個很好的理解，只有很好的。就是六，七？為什麼只有一個很好的。現在上中醫藥大學的中醫基礎，只有很好的。他傳統學說，才能很好的理解和掌握陰陽五行理論以及傳統國學裡面最基本最重要的理論學說。

天干地支是風水運用地生硬地元運盛衰之生老病死，可惜後來被方士生硬地搬了祈求達到行理論又是門民間信仰。源自樸素的易經哲理，即宇宙萬事萬物，信息同源，程序相同，簡奏的理論，最重要的所謂兗機和術數各種所謂卜葬之地所與時（天地合）與地（地球、地理環境）及人合一。

太極即八卦，八卦源生四象，四象生八卦，八卦重疊成六十四卦。太極即原始狀態，兩儀生四象，四象即八卦源生的易經哲理。即宇宙統一。簡單來說，風水理論主要是以玄學的陰陽消長理論為基礎。天（宇宙統陽）與地（地球、地理環境）及人（天地人合一）。

太極生兩儀，儀生四象，四象生八卦，八卦重疊成六十四卦。太陽（長日照─如夏季），太陰（短日照─如冬季），少陽，少陰，兩儀，小天地，四象即八卦，八氣象，稱太陽。這就是天地人合一。

用中國最早的充滿哲學思想的周易這儒家經。天地生萬物，即人和一切生命體均是天地交互作用的產物，天地生萬物，即宇宙統陽與地等。

I 門廳設計風水

◆門廳的風水作用

對於商業辦公空間來說，門廳起著至關重要的作用。在風水中，它的作用是給大門吸納進來的生氣提供一個迴旋和儲存的空間，再由此流向辦公室的其他地方。

對於一個位置相對來說還不錯的辦公場所而言，如果只是將大門開在旺位是不夠的，因為如果沒有設計格局良好的門廳在風水上給予配合，就算大門吸收再多的能量和生氣，也無法在辦公室內聚積和被吸收利用。

◆門廳只有一個出入口

從大門進入門廳之後，公司還需要設置門廳通往辦公區域的出入口。有的公司為了使用方便，會設置兩個甚至更多的出入口，以便能夠便捷地通向辦公室的各個區域，達到分散人流的作用，這樣的格局在面積較大的正方形辦公室中比較常見。但是，在門廳內設置太多的出入口，其實會對公司的運勢造成一定的影響。

氣流同河流一樣，需要聚集才能擁有更強大的力量。在門廳設置多個出入口，就好像在一條大河的兩側開鑿許多條支流。這樣做的結果，不僅會使大河主幹的水流減少、流速減慢，也會使分流向各支流的水流大大減少。同樣的道理，在門廳裡設過多的出入口，不管大門能夠吸納多少生氣，經過多個出入口的分流之後，每個員工所接收到的生氣就非常有限了。

最好的辦法是除了大門之外，只留下一個出入口。這樣一來，生氣可以集中從這個通道進入辦公室，並形成良好的迴旋，從而達到帶旺

公司業績，提高員工工作的積極性作用。

◆旺位設玄關

　　如果公司的大門本身就在旺位，而且又正好朝向旺方的話，爲了避免對生氣的進入產生阻礙，最好不宜在門廳內擺放屏風，不但會阻擋財運，也影響人的視線。

　　雖然屏風會阻礙生氣的流動，但是用較爲低矮的花架屏風作爲門廳的玄關，既可以形成一個緩衝區，還可以利用花架上的綠色植物幫助旺氣的生長，提高公司的整體風水。

　　需要在門廳的玄關位置擺放植物時，切忌使用絹花或塑膠花代替，必須是鮮活的綠色常青植物，這樣才能達到生旺的功效。

　　玄關是氣流轉換的重要場所，有趨吉避凶的作用，大門格局欠佳的公司，都會在門廳內設置玄關。

　　在風水中，公司的大門設在旺位旺方是最好不過的了，對公司的生意興隆有著非常大的幫助。但是如果大門只在旺位而沒有向著旺方的話，就無法吸納來自旺位的生氣，此時就很有必要在門廳內擺放一個屏風。屏風宜高，最好是固定式，這樣才能在門口形成玄關，利用屏風使氣流改變方向，使大門吸納的氣流從旺向流向辦公室。

　　如果大門既不在旺位，也不是朝向旺向的話，更有必要在門廳內設置玄關。爲了防止來自衰向的煞氣對公司的衝擊，在門廳內設置小型噴泉、水池，或是擺放一個魚缸，通過流動的水能進行磁場的轉化，從而使吸納的氣流由衰轉旺。

◆是不是必須設玄關

　　一般來說，商鋪都會設置玄關，因爲人們把玄關作爲店鋪中最重要的納氣之地。大店面一定要有裝飾華麗的玄關來轉變從大門進入的

氣，再加上櫃檯工作人員良好的服務，就能營造一種溫馨祥和的氣氛，引導財運與好的氣流進入，小店面雖然可以省去玄關的空間，但必須利用自然的光線與燈光來吸納旺氣與財氣，才是好的玄關風水。大餐廳等一些較大的場所都會有別具一格的玄關佈置來吸引客人消費，而一些小店為了親近人群，不需要設置玄關，但是忌諱一進門就有壓迫感，這樣無法引入財氣，還會給顧客帶來壓力。

◆玄關的設計方法

一般來說，人們在設計玄關的時候都會採取以下幾種方式：

1. 明示法

如果玄關較寬闊，在這裡放置一張椅子或一張沙發，既有實用價值又能美化環境。

2. 暗示法

目前大多數使用者和設計者都會選擇大理石，以顯示不凡的氣派，顏色以紅與黑為主。這樣可以營造公司的高貴氣派，也可以與辦公室的淺色基調相協調。

3. 提示法

鏡子是玄關的常見物。如果玄關空間較小，一般的設計思路是在側對門的牆上安置幾面入牆鏡，加深視野以擴展空間。

◆門廳設計成弧形

對於大門犯了槍煞的公司來說，大門外直沖過來的走廊或道路會對公司的運勢造成影響。為了減緩衝擊，又不對大門位置進行改動，將門廳設計成弧形是一個非常好的方法。

雖然迎面而來的直路有著來勢洶洶的沖氣，但是圓弧形的門廳給這些沖氣製造了一個緩衝的空間，在通過大門進入公司後，並不是直接

沖向辦公室內部。當氣流順著弧形的門廳流動時，其本身就已經改變了原來的直沖線路，在門廳內形成了迴旋。這樣的設計，既減慢了氣流運行的速度，化解了沖煞，又滿足了氣流「喜迴旋、忌直沖」的特性。

另外，圓弧形的設計也不會有呆板的感覺，容易給人留下親和、包容的印象。

◆門廳大小

商業辦公樓為了更好地吸納四方生氣，生聚財氣，商業門廳的設計往往要高大氣派。如果將商業門廳設計得過於窄小，就可能阻礙財氣的進入。

風水學認為，氣流在室內的運動路線講究的是「喜迴旋、忌直沖」，如果沒有足夠大的空間供其迴旋，那麼大門吸納到的生氣就會在公司的入口處形成聚積。生氣無法通暢地流向辦公室，自然也就無法得到利用，就像是將財源都堵在門口一樣，想要使公司的生意蒸蒸日上就比較困難了。

在設計門廳時，為了有一個好風水口，一定要將門廳做得稍微大一些，最好是能夠與辦公室的縱深成正比。

◆結合八卦原理設計門廳

風水學認為，在進行門廳的設計時，除了面積之外，方位也是重要的考慮因素。根據不同方位在八卦中的卦象進行門廳的設計和裝飾，是風水中比較妥當的方法，可以盡可能地避免產生其他的風水衝突。

相比較而言，結合八卦原理所設計的門廳顯得較為平穩，雖然無法在短期內看到情況的改善，但是卻可以從更為長遠的角度調理運勢，使企業的狀況逐步得到改善和提高。

在根據八卦設計門廳時，不需要結合業主的命理，而是根據不同

方位在八卦中的五行屬性，搭配以相應的裝飾，利用五行生剋的原理產生風水效應。

◆門廳裝修禁忌

北方在八卦中屬於坎卦，五行屬水。爲了避免產生衝突，在顏色的選擇上要避開土性的顏色，比如黃色、棕色等，都需要避開。除此之外，木性屬性的綠色和青色也都需要慎用。

要避開五行上的衝突，陳設物品的形狀也必須要注意。方形物體五行屬土，不宜過多地使用在北方的門廳中。否則，即使是大門既在旺位，又朝向旺向，吸納進來的生氣也會因爲土剋水的格局而受到影響，所能達到的生旺作用也就大打折扣。

除了以上的忌諱之外，當門廳位於北方時，也可以將陳設物品擺成圓形或是半圓形，白色、杏色、金色、黑色等色彩都可以放心使用。

正東和東南兩個方位在五行中都是木性屬性。如果門廳位於這兩個方位，木頭材質和纖維材質的工藝品是非常合適的選擇。木頭生長得又高又直，所以也可以選擇一些較爲高大且筆直的飾品放在門廳中，比如高大的櫃子、旗杆等，但是這些物品都不能太過於笨重，如果體積過大則會阻礙氣的流動，也會妨礙木的生長。

羽毛和帶有香料性質的裝飾品也可以在這裡使用。也可以選用一些畫作掛在牆上，而且體積越大越好。利用玉石類飾品的擺放、編制飾品的懸掛，也都可以達到一定的生旺作用。

水生木，因此魚缸、小型噴泉等有流水的物品也很適合擺放在東方和東南這兩個木性屬性方位的門廳中。

在選擇顏色進行搭配時，綠色、青色這類的木性屬性的顏色都是不錯的選擇。利用五行中土生木的原理，使用藍色、黑色和灰色，也能達到生旺的作用。但是，切忌在這個方位的門廳中使用屬金的純白色，

別太鐵齒 你至少要懂的開店風水學

或是屬火的紅色，無論是硬裝飾還是軟飾品都不宜。

位於正西、西北兩個方位的門廳五行屬金，應該搭配以五行屬金的飾品，或擺上一些造型為圓形的傢俱陳設。

為了配合方位風水，在屬金的門廳內要多擺放一些圓形或是半圓形的傢俱，或是選用一些圓形的裝飾品，金屬飾品、水晶擺件、玉器類擺件等都是不錯的選擇。如果要懸掛圖畫，駿馬圖是不錯的選擇，不但可以帶旺生氣，且意指公司的發展可以一馬平川、馬到成功。

另外，由於五行上有水洩金的說法，因此不宜在屬金的門廳內擺放魚缸等帶有流水的陳設物品，也應該避免紅色和黑色的使用，這些都會削弱公司的風水格局。

對於東北和西南兩個方位的門廳來說，由於其五行屬土，適合具備厚重感的裝修風格。為了達到這個目的，在色彩的選擇上要儘量內斂，咖啡色、棕色、黃色等土性顏色都是不錯的選擇。利用五行中火生土的原理，在這裡也可以運用一些紅色。

除了內斂的色彩之外，選擇石材、雕花的門板等裝飾材料也可以營造出門廳的厚重感。另外，石頭的景觀、大件的陶瓷製品、屏風等，都是適合東北和西南兩個方位門廳的物品。

需要注意的是，不同的形狀也有不同的五行屬性，因為圓形在五行中屬金，所以不宜在此方位的門廳使用圓形設計或是裝飾物，會弱化運勢，應多用土性的方形設計為宜。

◆門廳使用紅色

在風水中，紅色有疏通五行的功效，對財運的提升也有很大幫助。但是，這並不意味著任何情況下都可以在門廳的裝飾中使用紅色，因為作為火性屬性的顏色，紅色也是最不容易被控制的色彩，如果用錯地方，比如正東、東南、正西、正北等方向的門廳，不僅無法帶旺公司

的財運，反而會破壞風水。

　　當門廳位於辦公室的正南方位時，紅色就是最佳的選擇，因爲兩者的五行都是屬火的。不僅地面和牆面的處理可以使用紅色，比如紅色方形沙發等紅色傢俱也適合擺放在正南方位的門廳內，都是可以帶旺生氣、提高財運的格局。

◆門廳處擺放屏風的講究

　　屏風在風水學上有擋煞、聚氣的作用，一般多放置在公司門廳處，但並非所有的門廳都合適安置屏風，比如門廳處於旺位，大門朝向旺方時，放置屏門反而會阻礙財氣流入，或者改放透氣性較高的花架屏風。而門廳狹小則不合適放置屏風，可改爲擺設圓形花瓶，流動水景或魚缸來帶旺風水。

　　事實上，有許多公司在入口的門廳處沒屏風，因爲屏風樣式的講究有很多，不是所有的企業都適合在入口處設置固定屏風的。一般小型企業空間相對較小，常利用花架屏風或玄關矮櫃種植常綠植株來增強公司的隱蔽性，從而達到轉化氣流的效果。但最好不要擺人造假花，容易給人造成其生意是假的感覺，會影響財運。

　　在選擇屏風時要考慮兩個方面：第一是材質，最好是選用木質，其包括竹屏風和紙屏風。塑膠和金屬材質的屏風效果則不好，尤其是金屬的屏風，其本身的磁場就不穩定，而且也會干擾到人體的磁場，第二是高度，以不超過一般人站立時的高度爲宜，太高的屏屬重心不穩，容易給人壓迫感。

◆門廳位於北方

八卦中北方在屬於坎卦，五行屬水。在顏色上選擇土性可以避免產生衝突，比如黃色、棕色等。除此之外，最好不要用綠色和青色的木性屬性。另外，在陳設物品的形狀時也要注意，方形物體五行屬土，不宜過多地使用在北方的門廳中。否則，即使是大門既在旺位，又朝向旺向，吸納進來的生氣也會因為土剋水的格局而受到影響，所能達到的生旺作用也就大打折扣了。因此，當門廳位於北方時，可以將陳設物品擺成圓形或是半圓形，白色、杏色、金色、黑色等顏色。

◆門廳位於東方和東南方

東方位和東南方位在五行中都是木性屬性。如果門廳位於這兩個方位，木頭材質和纖維材質的工藝品是最佳選擇。所以，可以選擇一些較為高大且筆直的飾品放在門廳中，如高大的櫃子、旗杆等，但是這些物品不能過於笨重。此方位也可以使用羽毛和帶有香料性質的一些裝飾品，或選用一些繪畫作品懸掛在牆上，畫幅越大越好，利用玉石類飾品的擺放、編制飾品的懸掛，也可以達到一定的生旺作用。

在選擇顏色進行搭配時，綠色、青色這類的木性屬性的顏色都是不錯的選擇。利用五行中土生木的原理，使用藍色、黑色和灰色，也能達到生旺的作用。但是，切忌在這個方位的門廳中使用屬金的純白色，或是屬火的紅色。

◆門廳位於正西方

五行中，紅色屬火，而正西方位屬金，火剋金，如果使用了會破

壞原本聚財的格局，從而影響公司的發展。此方位宜先用白色、黃色和金色，因為白、金都屬金，而黃色屬土，這樣土生金，所以都可以達到生旺的作用。在裝飾物品的佈置上，可以選擇掛鐘、大口的花瓶、音響設備等。如果門廳比較寬闊的話，擺一些竹子做成的裝飾物也能生旺，但裝飾物忌選三角形。

◆門廳位於西方和西北方

五行中，正西和西北兩個方位屬金，所以在把此方位作為門廳時應該搭配以五行屬金的飾品，或擺放一些造型為圓形或半圓形的傢俱。或是一些圓形的金屬飾品、水晶擺件、玉器類擺件等。如果要懸掛圖畫，可以選擇駿馬圖，此圖有一馬平川、馬到成功的寓意，為公司帶來生氣。另外，由於五行上有水洩金的說法，因此不宜在屬金子門廳內擺放魚缸等帶有流水的陳設物品，也應該避免紅色和黑色的使用，否則會削弱公司的風水格局。

◆門廳位於東北方和西南方

五行中，東北和西南兩個方位屬土，裝修風格以具備厚重感為宜。為此，裝修時在色彩的選擇上要儘量內斂，選擇咖啡色、棕色、黃色等土性顏色比較好。利用五行中火生土的原理，也可以選用一些紅色。除了內斂的色彩之外，選擇石材、雕花的門板等裝飾材料也可以營造出門廳的厚重感。另外，石頭的景觀、大件的陶瓷製品、屏風等，都是適合東北和西南兩個方位門廳的物品。此處需要注意的是，不同的形狀也有不同的五行屬性，因為圓形在五行中屬金，所以不宜在此選用圓形設計的傢俱裝飾，否則會弱化公司運勢。

III 櫃檯風水

◆櫃檯的風水作用

公司的櫃檯，是門廳中的重要部分，它承擔著訪客接待、檔收發和電話轉接等任務，對公司的運行起著最基礎的保證作用。同時，櫃檯又是訪客造訪的第一接待區，它的好壞往往關係到訪客對公司的第一印象，所以絕對不能忽視對櫃檯的設計。

在風水中，門廳可以被視為是整個辦公室的內明堂，用來營造門廳氣流儲存空間的牆壁、玄關、屏風等被稱為羅城，櫃檯則是其中的「羅星」。又由於櫃檯位於公司水口的位置，水口即財口，因此也有鎮守水口的作用，又被稱為是「水口砂」。

為了使櫃檯更加顯眼，有的公司會將櫃檯設置在離大門較近的位置。然而，櫃檯與大門的距離太近並不利於公司的運勢。一般來說，設計門廳就是希望給大門吸納的生氣提供一個積聚和儲存的空間，但是櫃檯的位置如果太靠近大門，就會在門口形成阻擋，不僅破壞由門廳形成明堂的格局，還會影響到大門吸納生氣。當納氣口受阻、明堂縮小時，公司的運勢也就無法興旺起來。

不同規模的商業場所都會有特定的服務對象，為了給來訪者留下良好印象，大中型的企業、飯店以及大型餐廳等就需要將櫃檯做得較大一些。因為在風水中，櫃檯有鎮守風口的作用，就像是哨位一樣守護著整個公司。尺寸較大的櫃檯會顯得更加穩固，可以在外觀上顯得高貴和氣派，有助於樹立良好的公司形象。

不同規模、不同行業的公司，根據其獨特的企業文化，櫃檯的設計風格也應該有所不同，因為它關係到來訪者對公司的第一印象。無論是什麼樣的風格，櫃檯必須與整個公司的裝飾風格相輔相成。櫃檯是門

廳的羅星，按照風水的理論，作爲羅城的餘氣，櫃檯的設計風格不能在門廳中顯得突兀，而必須融入整個大廳的風格，因此，在進行櫃檯的設計時，首先要考慮大廳的牆面、地面以及周圍的裝飾，唯有恰當的融合才能爲整個公司的風水加分。

在店鋪中，櫃檯和店鋪大門之間的距離不能隔得太近，否則也會對生意造成影響。

◆公司的旺財櫃檯

櫃檯的位置，最好是面對大門，空間夠大的話，就在後方設置公司標識，以顯貴氣。但是，很多公司對櫃檯的設計並沒有考慮到風水的原理，特別是有些辦公室前門正對後門，形成直線通道，這樣是違反「藏風聚氣」的風水法則，會導致錢財流失，員工之間意見不合。出現這種情況，就應該設置有導氣效應的櫃檯，既可吸納旺氣，又有對服務表示熱忱歡迎的空間，還可遮擋公司內部私密。

此外，公司櫃檯的一個重要作用是可過濾不必接見的客戶，因此不宜設在入門的側方。氣場以彎曲迴旋爲吉，如果門廳未設服務台，那麼最好在門廳位置擺設一個圓形花瓶，以圓形之體來導氣而入，幫助入口處氣場的運行。

◆商鋪的旺財櫃檯

櫃檯是店面的財庫的象徵，最好把收銀台設在財位上，並在櫃檯上放置一些招財吉祥物、宣傳單或是熱賣的商品，都可以產生招財的效果。櫃檯的環境應保持整潔美觀，不要堆放雜物，否則無法納入財氣。

如果櫃檯不能放到財位上，那也應當將其設置在店面的生氣位，並在櫃檯上擺設燈飾或改運物品，讓它更有生氣，才能旺財。那麼如何辨別店面的生氣位呢？你可以站在屋內向著大門的方向，左手方就是青

龍邊，右手方則是白虎邊。一般青龍方代表生氣方，並有吉祥之意，也主財富，所以櫃檯大都設在此方。

◆櫃檯離大門太近

一般來說，櫃檯都必須要設置於門口顯眼的位置，但是櫃檯並不是離大門越近越好。之所以設計門廳，是希望給大門吸納的生氣提供一個積聚和儲存的空間，但是櫃檯的位置太靠近大門，就會在門口形成阻擋，不僅破壞由門廳形成明堂的格局，還會影響到大門吸納生氣。當納氣口受阻、明堂縮小時，公司的運勢也就無法興旺起來。

在店鋪中，櫃檯或收銀台就充當著櫃檯的作用。所以，櫃檯和店鋪大門之間的距離也不能隔得太近，否則是會對生意造成影響的。

◆櫃檯正對著大門

風水學中有「羅星忌見當堂」的說法，如果將門廳視為是公司的明堂，那作為羅星的櫃檯就不宜設置在正對大門的位置。雖然這樣的設計可以使訪客在門外較遠的地方就能一眼看到公司，但是櫃檯卻會在大廳中形成阻擋，導致生氣無法順暢地流動，使原本開闊的大廳大打折扣。

最好的做法，是將櫃檯與大門的位置錯開一定的距離，但是從門外又能看到一部分櫃檯。這樣一來，既不影響使用，又能防止櫃檯對氣流的阻擋。

◆櫃檯設計

作為公司的門面，櫃檯不僅可以展示出企業的實力，也關係到公司在商業、人際交流等方面的整體形象。現在有許多從事設計、會議禮儀等方面的公司，會將企業的櫃檯設計成時尚的風格，其最大的特色就

是明快的線條、跳躍的色彩，以及簡潔的材質。其實，櫃檯是風水中納氣聚財的重要場所，時尚風格的櫃檯有流暢的線條，對生氣在明堂中的流動有著很好的促進作用。氣流暢通，財氣自然也會源源不斷流向公司，生意也就會興旺。如果再加上恰當的燈光配合，就會達到事半功倍的效果，一定能財源廣進。

結合業主的命理、辦公室的坐向方位、周邊的環境等因素進行考慮，是公司櫃檯設計時比較恰當的方法。當然，企業所從事的行業，也是必須要考慮的因素。

對於古董店、工藝品商店以及一些從事文化產業的公司來說，蘊涵著精心設計項目的古典風格的櫃檯可以很好地營造出企業文化的氛圍，不僅可以準確地傳達公司的特點和發展方向，還會讓人產生親切感，有助於公司業務的提升。

對於辦公面積有限的公司來說，要利用有限的門廳空間來設計櫃檯，就必須要注重簡單和大方。

櫃檯的作用不僅是公司形象的展示，更在風水上給生氣一個迴旋的空間。在商店、小型公司，門廳的面積本來就非常有限，為了盡可能利用更多的空間使氣流運轉、流動，櫃檯的設計一定要簡潔、實用，避免過於複雜的累贅設計阻擋氣流的流動。另外在顏色方面，可以選用較為輕快的色彩，防止產生沉悶感和空間上的局促感。

別太鐵齒 你至少要懂的 開店風水學

Ⅳ庭院風水

◆門前有石樹

　　房屋庭院裡的石頭不可以隨意擺放，要按照各地的規矩擺放。中國北方擺放石頭要求是立著的，而南方可以躺著，但一定要堆石。風水上有「臥屍」的說法，本該立著的石頭橫著擺了，會產生不利。

　　如果大門前有巨石擋道，或者其他人造石頭景觀，麻煩事會不斷發生，影響事業的發展。因為石塊會吸收自然之氣，且屬陰氣，大門前方有巨石，會加強陰氣而使此氣流進門內，對房屋內的人產生不好的影響。

　　大門前如果有藤纏樹或者正對著大樹或枯樹，不僅會阻擋陽氣的進入，也會使陰氣、煞氣進到門內，濕氣會較重，不利健康和財運。雷雨天氣又易招雷擊，所以大門正前方不可有大樹。

　　大門外兩旁可以種樹，如果種樹就一定要保持枝葉茂盛，不可令其枯死，也不可有蟻窩，否則就會產生不吉的氣場，對事業大為不利。

◆宅前反弓路、反弓水

　　房屋門前的道路，如果從形狀上看就像一把弧形的弓，而弓的圓弧對著房屋，在風水上稱之為反弓煞，對房屋風水極為不吉。從科學角度講，房屋在反弓這邊，當路上有車輛駛過時，由於離心力的作用，灰塵和噪音會直沖房屋而來；甚至於出車禍時，車輛會撞進房屋。

　　如果在弦的一邊有電線杆或直立的大樹，正好形成「一箭穿心」之煞。在風水學上，這代表屋主易出意外，對運勢和公司裡的女性員工也很不利。

　　如果房屋前門有一條彎如弓的路或者是一條彎曲如弓的河流，且

房屋剛好在彎弓之外，這種地方地氣四散，不易聚財，主退財、易發生意外之象，不宜居住。

如果房屋在彎弓內，地氣內聚，則為吉象。

◆宅前院中有大樹

房屋門前大門口不宜有大樹。因為大樹會阻礙空氣的流通，秋天落葉繁多，不利清潔，還會不時有小蟲掉下。但是大樹有利於納涼，可調節房屋環境溫度。夏之際雷電交加，被雨水淋濕的大樹容易引下閃電，不利於房屋安全。而且，大樹的根可能破壞房屋地基，影響房屋的穩定性。樹幹過大，對房屋的安全也會產生不利影響。

◆院中西北方有大樹

依據後天八卦方位，西北方屬乾卦，象徵天、象徵龍、象徵帝王和君子、象徵純陽和健和興盛強健，為大吉大利之卦相。因此，如果房屋的西北方有大樹，屬大吉之相，不可輕意砍伐。

風水上說，院中有大樹不吉，有大風折樹壓房等安全方面的考慮；但若大樹在院中的西北方位，大風多發於夏季的東南季風，即使樹斷對房屋也不會造成損傷。

◆院中榆樹的作用

現在的獨立房屋，為了安全防盜，通常都有高大的圍牆，有的距離屋子還非常近，這樣的高牆，再加上上面的鐵絲網，如同囚籠，不僅讓人心生鬱悶，而且會形成陰氣的積聚。

這樣的情況下，可在院中種植高大的榆樹。榆樹在樹中屬陽木，有去陰生陽之功效，可以改善陰氣過旺的情況。

◆秀水

庭院中的秀水主要有以下特徵：

1. 水質清澈，主旺宅福水，事業順暢。

2. 氣味清新，主頭腦清醒，家業興旺，聚沙成塔。

3. 水聲平靜，或叮咚悅耳，主有藝術才華，智慧靈性，生財有道。

4. 曲折有情，主事業運暢達，生意興隆。

5. 環繞彎曲，為真愛之水，主感情真摯，為人正直，事業通達，財源亨通。

◆惡水

庭院中的惡水主要有以下特徵：

1. 水質污濁，或受污染，對人的生活和健康均有不利影響。

2. 氣味腥臭，如臭水溝，污穢氣聚，嚴重影響人健康運和工作運。

3. 流水呈反弓形，或呈三角形，主家人心浮氣躁，事業難謀，不易聚財。

4. 流水怒吼，喧嘩不息，由於影響人的聽力及精神系統，易生暴躁，破壞人際關係和事業運。

◆從形狀判斷門前之水

依據門前之水的形狀，水法可分為五種，以五行為之命名。

半圓形或圓形的水，稱為金形水，以形如懷抱的半圓者為旺宅福水運。

如一條橫木從前面經過，稱為木形水；此水匆匆而過，不聚財。

似火焰，呈三角形的，為火形水，是不聚財之水。

呈方形的水，稱為土形水，若呈長方形如懷抱者為旺宅福水。

水形呈波浪形狀或S形，稱爲水形水；顧盼有情，曲折聚財，爲最佳之水形。

◆煙囪

庭院中有煙囪、高塔，電線杆等柱狀建築，犯沖煞氣，可以用下面方法化解：

1. 在對著柱狀煞的那面窗口位置懸掛凸鏡

　凸鏡有反射煞氣的功能。

2. 在凸鏡後方擺放或粘貼五帝古錢

　五帝錢得天、人、地三氣，可增強力量。

◆庭院中有死水塘

如果在庭院設置水塘，處理不好可能會造成種種煩惱。一般來說，最忌密封不流通的死水。這種水塘的水質會腐敗，滋生細菌，對健康不利；同時，死水塘容易招引幽魂，滋生陰氣，對人不利。這樣的死水塘，最好把它填平。

填平之前，要先抽幹池水，挖淨淤泥，除去水管之類的設施，然後再用乾淨的土填平。

◆院子中種樹的宜忌

門前種柳，家運日衰，因爲柳樹屬陰；屋西有松，財運不斷；枯樹敗枝，大大不吉；屋東屋南，忌諱大樹濃蔭，因爲影響採光和通風。院中種植過多的果樹，過分吸收地氣，會影響家運。

沒有圍牆的房屋，如果窗戶或者大門與鄰居的大門、窗戶相對，或者有煞氣射進來，可以種樹遮罩或者阻擋煞氣。

◆大樹距離房屋過近

通常來說，大樹應與房屋保持一定距離，這樣才能保證室內的空氣流通和足夠光照。房屋附近的樹，不宜過於高大，否則對房屋的安全不利，應儘量種植枝條柔軟的樹種。

臨近房屋的大樹，枝幹不宜直對窗戶。窗戶就好像是房屋的眼睛，如果有樹幹直指，在風水上說，家人容易患上眼疾。況且，粗大枝幹直刺房屋，也是一種煞氣，應儘量避免。

◆庭院中的植物

庭院中的植物是否屬於凶煞之物，主要從兩方面來看：

一是看它是否會排放有害氣體或液體，如：夜來香的濃郁香味對心臟病和高血壓患者不利，夾竹桃的花香易使人昏睡，鬱金香含有土鹼，接觸過多會使人毛髮脫落，等等。

二是看它的形體是否怪異醜惡，凡枝幹不正或畸形的樹木，通常不吉。風水諺語說：「大樹古怪，氣痛名敗」，「樹屈駝背，丁財俱退」，「樹似伏牛，蝸居病多」……但具有特殊美感的植物除外，如盆景、梅樹等。

風水學把一棵樹歸於吉祥之物的原因很複雜，有時是從植物的特性，有時是從植物的寓意甚至諧音來判定。

通常來說，棕櫚、橘樹、竹子、椿樹、槐樹、桂樹、梅樹、棗樹、石榴樹、葡萄樹、海棠樹、靈芝草等十三種植物，為增吉植物；桃樹、柳樹、銀杏樹、柏樹、無患子，茱萸、葫蘆、艾蒿等八種植物，有化煞驅邪作用。

◆竹子對房屋有何影響

風水上說，竹林圍屋，富貴平安。在房屋周圍種滿竹子，只留一條通道，這樣的房屋不僅冬暖夏涼，而且沒有噪音，住在裡面的人可以長享富貴平安。

風水上說，疏竹當家，精神難安。房屋周圍若只是稀疏地種了一些竹子，會讓人的精神恍惚，心神難安，對家人不利。

◆庭院植物有哪些陰陽屬性

古人認為，庭院中常見的植物也有陰陽之分。松、柏、杉、竹、梅、榆、槐、柳、桃、柿、棗、楓、梧桐、杜鵑、萬年青、梔子等為陽樹；梨、楠、木瓜、樅、芭蕉、棕櫚、鳳尾松等為陰樹。

庭院之中適宜種屬陽之樹，而屬陰之樹要少種或者不種。

◆庭院八大辟邪植物

古人認為，常見的能種植在庭院中的辟邪植物有：桃樹、柳樹、艾蒿、銀杏、柏樹、茱萸、無患子、葫蘆等八種。

民間傳說，桃樹為五行的精華，能制百鬼，以柳條插於門戶可驅邪；艾蒿焚燒後，可驅蚊蟲，辟邪除穢；銀杏，千年古樹，夜間開花，有神秘力量可鎮宅。柏樹剛直，木質芳香，能驅妖孽；茱萸香味濃烈，可去邪辟惡；無患子，即菩提子，可串成珠，保平安；葫蘆中空，能吸納邪氣。

◆庭院植物的栽種方位

據古代風水學記載：「東植桃楊，南植梅棗，西栽梔榆，北栽吉杏」，「門前垂柳，非是吉祥」，「中門有槐、富蹦三世」，「宅後有榆、百鬼不近」，「門庭前喜種雙棗，四畔有竹木青翠進財」，「房屋四角有森桑，禍起之時不可擋」等。

從科學的角度看，桃樹和楊樹迎春較早，樹冠小，栽在東方既迎春又不遮陽；梅樹與棗樹，對陽光需求較大，故宜種在南方；榆樹是喜濕植物，當西曬不怕，栽在西爲宜；杏樹耐寒不耐澇，宜種在北方。

◆庭院中佈置水局

很多人想在院子中佈置招財水局，但不是所有的水都能生財，也不是任何房屋的庭院都適合有水。宅前屋後，不宜同時有水；大門前的池塘，只能是半月環抱才爲吉；院中的水池形狀，宜圓不宜方；水池中的水，宜活不宜死。

人造的水池，如果沒有活水流動，就要設法使用動力讓水流動。如：佈置成瀑布，讓水從上向下流，迴圈不止；或設計成噴泉，從下向上噴。

◆防止水池變成桃花水

如果庭院中的水池，剛好設置在家人的桃花方位上，就成爲「桃花水」。因水有流動之性，能強烈啓動情感磁場，讓當事人變得極爲多情，無法專注於工作或學習。如果是已婚人士，可能會招惹情感是非，對婚姻產生不利的影響。

因此，院中的水池一定要避開家人桃花位。桃花方各人不同，屬牛、蛇、雞的人，在正南；屬兔、羊、豬的人，在正北；屬鼠、龍、猴的人，在正西；屬虎、馬、狗的人，在正東。

◆假山設置

風水學認爲，假山、池塘都是庭院中的一部分，所以不可單獨地考慮。假山、池塘的吉凶，和樹木的吉凶看法不一樣。將假山、池塘和大小樹木都配置在吉位的話，面積不夠，也不可能。因此，對一般的樓

房來說，設置假山和池塘的地方是凶的話，就不設置，這才是明智的做法，下面把假山的一般設置方法介紹一下：

1. 西方位

　　在此方位設假山為吉相。如能配合樹木，防止日曬就更加吉祥。

2. 西北方位

　　設置假山為大吉。但是，堂皇的格局還要配上樹木，才會產生家運昌隆的運氣。

3. 北方位

　　這個方位設假山為吉相，地勢高一點也沒關係，適當地配合著樹木，會增加美觀。樹木不要太靠近房屋，更不要開窗戶。

4. 東北方位

　　設假山沒有關係。東北的艮，是山的本命位置。高聳、屹立的山，會帶來穩定感，含有不屈不撓的意思，做高一點比較好，意味著財產穩定，一家團結以及有好的繼承人。

5. 東方位

　　這個方位不要設置假山。會給前進、伸展性帶來障礙。

6. 東南方位

　　和東方位一樣，設置假山就是凶相。在人際關係、交易上，會遭到障礙、挫折。

7. 南方位

　　假山設在此方位也是凶。意味著才智、能力被埋沒，無法發揮。

8. 西南方位

　　也不要隨意設置假山，因為這是凶方。

　　當然，以上是一般的情況，具體設置假山的時候還需要根據房屋的整體風水來考慮，千萬不可以斷章取義。

◆圍牆與籬笆

　　陽宅風水講究後有靠山，左右有砂，前有案山，可以藏風聚氣。但是，滿足這種自然環境的地方太少見了，而圍牆則可以多少彌補這個缺憾，可以把四周的圍牆當做砂。

　　特別是四周空曠的房屋，圍牆與籬笆不但可以達到安防的作用，還能在一定程度上阻擋各種煞氣，減弱它對房屋的衝擊力。院子的門和房屋門不能在一條直線上，以免煞氣長驅直入。

◆圍牆高度

　　圍牆的高度和院子的大小有很大的關係，一般來說圍牆的高度不宜超過大門的高度。如果院子很大，圍牆可以高點；如果院子過小，圍牆就不宜過高。

　　即使院子很大，圍牆的高度最好也不要超過大門的高度，以免進氣不暢，給房屋帶來不利的影響。

　　院子的圍牆不能過高，太高的圍牆在擋風防煞上固然效果特好，卻會阻礙氣的流通。尤其是前院的圍牆，如果比大門高的話，就會妨礙進氣，讓房屋陷入滯氣的困境。

　　如果房屋的四面都是圍牆，更不宜過高，否則會把房屋的氣場與自然氣場相隔離，整個院子如同監牢，毫無生機和活力。

◆柵欄的風水意義

　　用柵欄隔的圍牆，雖在藏風聚氣上比磚石圍牆效果差，但它們也有獨特的作用。城市裡土地資源緊張，即使有院子面積也非常小。這種情況下如果用堅固的磚石圍牆，會讓本就狹小的空間因與外界分離而更顯憋悶。這時候就應該選用低矮的木柵欄，通風透氣的效果就非常好。

大師將為您…
指點開店選舖
最優的風水撇步

Chapter.06

裝飾

招財

I五行與裝修材料

◆裝修材料

很多人不知道，裝修材料也是可以招財的，但並非所有的裝修材料都能招財，因此在選擇能夠招財的裝修材料時一定要注意符合以下幾點要求：

1. 材料驗收

首先，要看外觀、聞味道、驗收品質。其材質不能有脫膠、變色和腐朽。不應有鼓起、起皮、翹曲、裂紋、缺角、污垢和圖案不完整等缺陷。

2. 電工工程

材料要安全可靠、外觀潔淨，靈活有效。

3. 土木工程

要確保安裝牢固，開關靈活，不滴不漏。管道安裝橫平豎直，鋪設牢固、無鬆動，坡度符合規定要求。

4. 防水工程

防水工程結束後，必須進行24小時的蓄水實驗。確保塗膜表面平整，不起泡、不流淌，與管件、潔具地腳、地漏、排水介面接縫嚴密。

5. 隔牆工程

確保牢固、平整。輕鋼龍骨安裝要符合產品的驗合要求，安裝位置正確，連接牢固無鬆動。面板安裝必須牢固，無脫層、折裂、缺稜、翹曲、掉角。遇保溫牆或包管項目宜採用木龍骨製作。

◆金屬性材料

從風水五行上來講，鋼、鉻屬於金屬性材料，它們和其他一些金

別太鐵齒 開店風水學

屬材料一樣，常用於氣流被阻的地方，這樣可以有效地促進氣流快速轉換，保持空氣清新保持健康的生活空間。

◆木屬性材料

從風水五行的觀點來看，木質屬性裝修材料主要有以下幾點：

1. 木材

木材在房屋中有著重要的作用，通常做房屋的框架和地板，而且木本身來自大自然，帶有陽性，能引導氣流的順利通過。木的紋理也有講究，直條的木紋有吸氣的寓意；木材料的顏色深淺標誌著氣流的快慢。

2. 木纖維草類

人們習慣用草席等天然製品，它們有陰涼之感，但要注意清洗。

3. 竹藤柳

這類天然製品屬木，而且是陰性，會減緩氣的流動，讓人有陰涼的感覺。

4. 棉麻織物

這類織物讓人感覺舒適，通常用於覆蓋物和窗簾。

◆火屬性材料

在裝修材料中，屬於火屬性的主要是指塑膠和一些人工合成材料，它們都屬火，因為它們一般都是經過加熱而製成的，其原料成分包括聚乙烯、聚丙烯、聚苯乙烯、聚氯乙烯等類型的裝修材料，其中多數聚氯乙烯塑膠袋有毒，是用回收的廢塑膠加染料製成，如用來包裝食品，會對人體的健康造成一定的惡劣影響，而聚乙烯、聚丙烯是安全的塑膠，可以用來盛裝食品。因此，裝修材料中最好少用或不用塑膠製品。

◆土屬性材料

　　從風水五行上來講，陶器和黏土都是屬於土質屬性。可以從其表面的光亮程度來分辨它們的陰陽性，可以用這類材料來做像花瓶一類的容器。

II財位裝飾

◆坐東南向西北的建築物裝飾

從風水學的觀點來看，坐東南向西北方位的建築物屬「木宅」，把建築物設在此方向，員工工作時能夠提高工作效率，並能對自己的工作提前作一定的規劃。朝向西北的方向應該設大窗，窗子要保持乾淨，窗外無障礙物。但是在冬天時會有北風吹來，辦公室的設計不可順木性，不可做深長的設計，但是可以做寬淺適中的設計。在內部裝飾上，應該以銀白或灰色裝飾牆面，一些小部位的銀色或金色會顯得更陽性一些，淡灰色會更安靜，更陰性一些。這樣積極的氣就會流向西南，東北、西和北部。在建築的西南和東北一帶可以鋪地板，為了加強金的成分，可以選擇石質或大理石作為地面。因為平滑的磨光面會使陽性的性質強一些，這樣氣就會流動快一些。使用金屬的或自然的材質是較佳選擇。另可用局部燈光照亮室內某一部位，或用圓邊的葉子的植物裝飾室內。

◆坐東北向西南的建築物裝飾

在五行中，坐東北向西南方位的建築物屬「土宅」，土的性質厚實寬廣，能滋生萬物，此時辦公室的佈置，應該給人以寬大厚實的感覺，反之，如果狹窄擠迫，初時雖然無害，時間長了，則妨害福氣的綿延久長，事業吃不開，出現後繼無力的現象。寬大厚實的辦公室蘊涵栽生大樹的根源，可以使負責人的事業在穩健中發展茁壯。

如果是做零售業，在外觀上，最好有一個朝西南的獨立入口，這樣更有助於員工務實。當然，如果希望公司能更慎重處理好商業上的問題，最好把入口設在南面方向。在內部裝飾上，黑色的物體和黃色的牆

壁比較好，特別是在建築內部靠近南、西南、西、東北和西北的部分，橘黃色會帶來更多的陽性，而棕黃色則會顯得更陰一點。爲了加強這種效果，可以鋪上赤色地板。軟質本色的地板會更陰柔一些，自然材料的傢俱或小的金屬傢俱會使室內看上去更豐富，布窗簾或纖維百葉窗也比較好。低一些的線條暨長一些的物體比較好一些。從頂上下射的白熾光作爲照明是比較好的選擇。在室內還可以選擇低矮的向外延伸的植物。

◆坐北朝南的建築物裝飾

風水學認爲，坐北朝南方位的建築物叫做「水宅」。水的性質利於藏風聚氣，因此在佈置辦公室時，辦公室的設計如果水淺露底，那麼冬天時，北風得以長驅直入，則令大魚悠遊，反有害於聚財獲利。所以應該設計的深沉不露，別有洞天的感覺，反之，中國的建築物大部分都是坐北朝南的，大到國家廟堂，小到百姓的起居室。這些尤其利於經營不動產的行業者規劃之用。

風水中的「坐北朝南」對生活、工作、學習影響至深，這是因爲中國地處北半球，人們的生產、生活都很依賴陽光，而北半球的陽光大多數時間都是從南邊照射過來，而決採光的朝向必然是朝南向的。以至於風水中的方位觀念很少用東西南北來表示，大多用前後左右來表示。

外觀上，一個朝向南面的入口可以讓這個方向的氣順利地流動，使員工可以更有效地考慮問題。內部裝飾上，在室內的東部、西南、東北位置，紫色牆壁會容易把南面的氣反射進來。紫紅色會有更多的陽性，淡紫色和藍靛色的有一些陰的屬性。同時也可以選擇一些直條、星狀或梯形，同時採用木質的地板、傢俱和百葉窗，以及明亮的燈如鹵素燈來照明。

◆坐西朝東的建築物裝飾

風水學認為，坐西朝東方位的建築物被稱作「金宅」。這樣的辦公室會太過明亮，有傷屋內陽氣，影響男性負責人的財運和身體健康。因此如果不是女性掌權的公司，很容易影響財運。

　　辦公室的設計在外觀上也宜選擇坐西朝東的方向，因為這個方向能夠讓員工開發新方案。在內部裝飾上，綠色的牆壁會加強向上的能量，尤其是在房屋的北、東、東南和南部。明亮的綠色會增強這種氣，蠟綠會顯得更陰一些。使用木質地板、傢俱和窗簾會讓氣更有創造性。深色的木質象徵更加規則和組織性。水準直線的東西和形狀會讓人更舒服一些，高大的傢俱會讓氣向各個方向流動，而高大的植物和向上的燈光會更好一些。另外，還有一個加強能量的方法，就是放置一個水景，如果有高大的植物那是最好的。將公司的目標和發展規劃設在東方位，也會對其有一定的激勵作用。

◆坐東朝西的建築物裝飾

　　從風水學的角度看，坐東朝西方位的建築物稱作「木宅」。木的性質宜深長和方正，因此辦公室要造得比較高而深，有一種悠長的縱深感，它的佈置應以方正大氣為上，反之，如果辦公室佈置寬而淺，就會使人身心不能調適，或有精神方面的疾病發生，因為這些不合木的本性。

　　外觀上，這個方向的入口會使西南的陽光進入室內，更適合從事財務或競爭性的工作。內部裝飾上，紅色、栗色、亮灰色和粉色會增強向上的能量，尤其是西南、東北、西、西北和北部作為燈的顏色裝飾效果比較好，以亮紅色為最好。亮灰和粉紅色會把這種感覺減弱一些。石材的或陶瓷的地面用在西南、東北、西、西北和北面比較好一些。用地毯、石材或木質地板裝飾可以延續這種積極的能量，本色的木質地板是首選。使用金屬和自然的纖維和金屬的百葉窗也不錯，還有球形、弓

形、圓形的射燈和圓邊的葉子會讓氣流動更快。

◆坐西南朝東北的建築物裝飾

　　風水學認為，和坐東北朝西南方位的建築相同，坐西南朝東北方位的建築物在宅相中稱作「坤宅」，屬土。辦公室的格局，如果狹窄擁擠，則多有事業後繼無力的現象，要厚實質廣，以栽生大樹。在外觀上，這個方向會使人更有活力和競爭力，內部裝飾上，白色的牆壁會加強這種積極的能量，尤其是在南、西南、東北、西和西北。在南，西南、東北、西和西北部位用明亮的紫色或黃色會更好，為加強土的性質。棉窗簾纖維百葉是有利的，低矮的金屬或木制的傢俱也有很好的效果。

◆坐西北朝東南的建築物裝飾

　　在五行中，坐西北朝東南方位的建築物稱作「金宅」。金的性質利於明亮，而切忌光不足，否則會使負責人思考力遲滯，無法有大成就。因此大堂的設計應使其燈火通明，光明燦爛，多予人聰明秀氣的感覺。外觀上，這個方向使員工更具有想像力、創造力和聯想力，內部裝飾上，在北、東、東南和南的方位應以深綠色或藍色的牆壁比較好。深綠的顏色會更有陽氣，水洗的綠色會有些陰性，而高的傢俱會加強氣的流動，使用木質地板、傢俱和窗簾則會更陰一些。木的使用要在北、東、東南和南面。

　　加強能量的方法上，可以加上水景，周圍用深綠色的植物，並在東南方向陳設公司的目標和計畫有助於公司內部團結。

◆坐南朝北的建築物裝飾

　　在五行中，坐南朝北方位的建築物稱作「火宅」，在對「火宅」

別太鐵齒 你至少要懂的 開店風水學

的辦公室進行設計時，如色調淺浮，火虛而不實，則易招官司或犯火災，應採用深色系列的顏色比較合適，可以給人強烈的質感，而有莊嚴持重的感覺。外觀上，如果不是需要深思熟慮的工作，最好把入口選在西北方位，因爲朝北的入口讓人感覺非常深靜，所以內部裝飾上，乳白色的牆壁可以使氣流動迅速，尤其用在西、西北、北、東和東南比較好。小範圍的紅、銀或金可把陽的屬性加強。還可以在西南、東北、西、西北和北部的位置，用木質地板、大理石或石材做地面裝飾，起伏型、柔和的燈光更好一些，用金屬、木質的或玻璃的傢俱和設備或金屬百葉。另外，可以放置一個大的貝類或玻璃雕塑來加強這個方位的能量。

◆各個行業的最好入口方位

風水學認爲，在選擇朝向時應該根據經營行業的商鋪不同而不同。現介紹各行各業的吉方位如下，以供參考。

1.食品店

魚店、海產物批發店，應把主廳建在東南、東、南方位，用陳列台或箱子等掩蓋正中線、四隅線則吉。加工食品店在南、東南方向則吉。西南則擺商品陳列台、客人用的椅子等即可，入口最好設在東南、南、東。

2.水果業

把新鮮的貨品擺在北、南則生意興隆，入口設在東、東南、南、西北則吉。

3.餐飲業

餐廳、咖啡專門店，酒吧、飲食店、酒廊等，關鍵在於北，若將北方用做大堂則吉，東南有突則生意興隆。烤肉店、炸雞店等用火的生意，廚房在東或南則吉，倘只是用火，則南最佳。

4. 西點業

西點麵包店把入口置於東南、東、南則吉，但開閉門不可在正中線、四隅線。至於糖果公司、辦公室、公司建築物的東南與南有突則為吉，工廠則宜將與火有關的建築置於南方位。

5. 電器業

電器行、水電行將客廳的門建在東與南、東南則吉。

6. 傢俱業

傢俱店、木工工廠在東南與西北造突則吉。倘若南面與西面有入口則借陳列台等堵塞。

7. 照相業

如東南、東、南、西等四方位有入口則吉，若是照相館，櫃檯置廠從店的中心看是西北，東南則經營穩定。

8. 鐘錶、貴金屬商店

在東、北、西北任一處造突。如果規模較大，就造二方位的突，即使小店也要造一方位的突。出入口若在東，東南、南則為大吉位，即使在西亦為吉相。此種行業宜選擇東側與南側二方位有道路經過的東南角地。

9. 紙業、製藥業

藥局若入口在東南、東、南則吉，但要避免正中線、四隅線，若在西北造突，門在東、東南、南為佳。

10. 雜貨店

雜貨店把櫃檯置於西北、東南、南、北任一方位即可。

11. 服飾店

入口在東南則大吉，其次依序是東、南、西北。

12. 園藝店

花店將入口設幹東、東南、南則吉，若不得已設於西北也可。

◆商業空間裡財位的佈置方法

如果大門開在中央時，財位就在左右對角線頂端上。如果大門開在右邊時，財位就在左邊對角線，一般來說，財位的位置多在大門對角線的頂端上。財位的佈置方法主要是：

1.財位忌凌亂震動

如果財位長期凌亂震動，就很難把財固定住。所以財位上放置的物品要整齊，不可放置經常震動的各類電視音響等。

2.財位忌受汙受沖

財位應該保持清潔，倘若廁所浴室在財位或雜放在財位，就會玷污財位，令財運大打折扣，不但使財位不能招財，反而會破財。

3.財位忌無靠

財位背後最好是堅硬的兩面牆，因為象徵有靠山可倚，保證後顧無憂，這樣才可藏風聚氣。倘若財位背後是透明玻璃窗，不但難以聚財富，還會有破財之災。

4.財位不可受壓

財位受壓會導致家財無法增長，倘若將沉重的衣櫃、書櫃或組合櫃等放在財位令財位壓力重重，那便會對家宅的財運不利。

5.財位忌水

最好不要在財位擺放水種植物，也不要把魚缸擺入在財位，以免見財化水。

◆商業財位的擺放

商業財位怎樣擺放才會比較適宜呢？主要有以下幾點：

1.宜亮不宜暗

財位明亮的話，房子就會生氣勃勃，財位如果有陽光或燈光照

射，對生旺財氣大有幫助；如果財位昏暗，則有滯財運，需在此處安裝長明燈來化解。

2.宜整潔

財位要盡理量保持整潔，避免通透，所以要儘量把其放在安全的地方，最好不要設開放式的窗戶，因爲開窗會導致室內財氣外散。如果有窗戶，可用窗簾遮蓋或者關上窗戶，這樣財位就不會外散了。

3.宜擺放植物

植物不斷生長，可令家中財氣持續旺盛，運勢更佳。因此在財位擺放常綠植物，尤其是以葉大或葉厚葉圓的黃金葛，橡膠樹、金錢樹及巴西鐵樹等最爲適宜，但要留意，這些植物應該用泥土來種植，不能以水培養。財位不宜種植有刺的仙人掌類植物或藤類植物。

4.宜放吉祥物

財位是聚財的地方，如果在此擺放一些寓意吉祥的招財物件，例如福、祿、壽三星或是文武財神的塑像，會達到錦上添花的效果。

5.宜坐宜臥

財位是一家財氣所聚的方位，可把睡床或者沙發放在財位上，在財位坐臥，會壯旺自身的財運。此外，如果把餐桌擺在財位很適合，因爲餐桌是吃飯的地方，在吸收食物能量的同時，又吸收財氣，可以有雙重效果。

◆商業中用於開運的物品

風水學認爲，吉祥物可以根據個人的喜好來選擇一些擺放在家中。總的來說一般有以下幾種：

1.財神

民間流傳的財神有很多種，但大致可分爲兩種：（1）文財神，分爲福、祿、壽三星以及財帛星君；（2）武財神，是威風凜凜的猛將趙

公明，相傳他不但能降妖伏魔，又能招財利市，一般居於北方的商人多擺放此神，南方大多供奉關公。武財神應面向屋外擺，或面向大門，既招財，又可以鎮守門戶。

2. 靈蟾吐錢

三條腿的蛤蟆叫蟾，它背北斗七星，嘴銜兩串銅錢，頭頂太極兩儀，腳踏元寶山。擺放時蟾的頭要向屋外，不宜向門窗，否則就把錢吐到外面。

3. 貔貅

神話中的一對神獸，在民間被視為招財的吉祥神物，創造者將它設計成一公一母，通常以一對做擺設，公的主招財，母的主守財。擺放時應頭向門窗，因為它喜食四方財。

4. 魚缸

水主財，尤其流動的水，稱為活水，是能引動財路、財運、財源的流動、綿延不斷而來的。所以擺設魚缸可幫助找來綿延不絕的財運。

當然，除此之外，還有其他一些的吉祥物，就不一一列舉了。

◆商業中有哪些開運植物

商人可以在財位，如會計部、收銀機、保險箱等金錢流通比較多的地方放些常綠植物，在室內的植物有兩種作用：「化煞」和「生旺」。代表「化煞」的植物為仙人掌等特殊植物，代表「生旺」的植物為常見的綠色長青植物。一般而言，辦公室比較適合養植大型觀葉植物，個人辦公桌可放些小型常綠植物。因此，一般職員可以在桌上放些小型綠竹盆栽，以求吉利。在東方位宜放置：玉蘭、柳樹、櫻桃、印度杜鵑花、歐丁香，香忍多和山茶花，代表擁有家庭與健康。東南方宜放置：楓樹、花揪果樹、扁桃、桃樹、洋李、紫藤、玫瑰、梔子和鐵線蓮。代表著擁有財富和成功。擺放在南方，代表著擁有聲譽與學識。在

北方宜放置：玉蘭，蘋果樹、梨樹、繡球和牡丹，代表著擁有事業。

◆店鋪裝修的前門朝向與顏色和材質

前門的朝向與顏色和材質關係有一般方案和最佳方案兩種。

一般方案如下表：

朝向	前門顏色	材質
西南	紫、黑、深紅、灰	亮金屬
北	紅、乳白	亮金屬
東北	高亮度的白或紫	亮金屬

最佳方案如下表：

朝向	前門顏色	材質
東	亮綠、乳白、木本色	木
東南	深綠、藍、乳白、木本色	木
南	亮綠色、深綠、藍或紫，適當選用黑色	木
西北	黑、紅、灰	亮金屬
西	黑、紅、灰	亮金屬

別太鐵齒　開店風水學

◆商鋪中的通道與朝向

通道是從外空間進到內空間的道路。除非是故意設計，否則最好不要使用狹小的過道，因為寬敞的通道就像伸出手臂把客戶迎入室內，而狹窄的通道會給人一種不舒服的感覺。同時，通道的顏色和朝向有關係，因為通道的顏色也代表一定的能量，而顏色則會加強或減弱這種能量。

朝向	木本色或上漆的木	木本色或上漆的木
東	木本色或上漆的木	乳白和綠、藍、紫
東南	木本色或上漆的木	深綠加乳白、藍、紫
南	木本色或上漆的木	紫和綠、藍
西南	雕刻的石材	紫，黃、黑和藍
西	金屬或石材	金、銀或紅
西北	金屬或石材	金，銀或灰
北	金屬或石材	金、銀、紅或灰
東北	雕刻的石材	紫、黃、白、黑或金

◆商業建築中樓梯、電梯和升降機的裝飾要求

商業建築中的樓梯、電梯和升降機是人和物件上下移動的工具。一般來說，這些區域一般都不會把其設在室中心，或正對著大門，而會被設置在靠近建築邊緣的地方，因為如果正對著大門會破財。化解方式如下：

1. 在前門與樓梯之間放一些物體以防止氣流快速移動。

2. 在最上端和最下端的出口放置一些裝飾物品

如果是在出口東側、東南側，就放高大植物或木質的裝飾品；如

果是在出口東北側，用低的石雕塑。

　　如果是在出口西側、西北側，用圓的或球形的雕塑；如果是在出口南側，用明亮的燈飾；如果是在出口西南側，用低的陶塑。

3. 使用一些有指示性的符號或比較高大的綠色植物。

III各類商鋪裝飾風水

◆飯店的裝飾

飯店的裝飾主要是爲了增加客流量，提高店鋪的生意，具體的措施有以下幾點：

1.店面招牌

在店面招牌的處理上是很有學問的，要注意招牌的大小、材料、顏色、字樣，和店面的風水格局、店主的生辰以及店面周圍的環境。

2.櫃檯放置魚缸

在風水中魚缸是鎮煞之物，就是說魚缸應該放在凶方或放在朝向凶方的位置。

3.財位的放置

依照「八宅派」法則，可相對簡單地定出財位，位置就在進門對角線所指的角落，一般說來，財位宜亮不宜暗，在財位上放置一棵常綠植物可達到催財的作用，但不能放置仙人球、仙人掌一類帶刺的植物。

4.爐灶的放置

依照中國傳統「家相學」的說法，爐灶放置的基本法則是：坐凶向吉。也就是說，爐灶應放在凶方，而爐灶的開關應朝向吉方。

5.洗手間

洗手間在風水上要壓在凶方，如果是多層的飯店，切忌讓樓上的洗手間壓在樓下的收銀臺上，或壓在辦公室，廚房等的上面，否則會產生很多不良的後果。

◆旅館的裝飾

旅館的裝飾是爲了讓客人有一種賓至如歸的感覺，達到均衡、甜

蜜的效果。具體應注意以下幾點。

1. 有合適的方位

　　是指房間、餐廳和娛樂中心的安排須有靜動之間的過渡。入口前的場地要寬敞，最好有水景和植物，道路要有一定的曲度，不能直接通向室內。鍋爐房、洗衣房、廚房等要遠離客房部。

2. 客人進入的門廳要有足夠的光線和高度，樓梯不要正對大門，而應與正門成90度角。

3. 用景觀、藝術品和傢俱會加強旅館的吸引力。

◆商業中心的裝飾

　　舒適的購物環境將會能吸引更多的顧客前來。所以商店無論店面大小，都是為了讓消費者能選購的物品越多越好。不過在裝飾時要注意一下幾點：

1. 陳列

　　商店的東面可以擺放木器、電子器具和計算機；商店的南方可以用燈光、蠟燭進行裝飾，也可擺放一些時尚用品；東南方可以放置書、旅行用品、DVD片，並且用音樂做背景；西方可以擺放一些娛樂品、寶石以及女性物品；商店的西南方可以擺放一些食品、織物、家飾品、嬰兒與營養品等，北面可以擺放一些飼料、玻璃製品、成人用品、化學物品、藥品；西北方可以擺放一些金屬物品、手錶以及男性用品；東北可以擺放遊戲物品。玩具、運動器械等。

2. 燈光

　　應採用柔和明亮的燈光，這樣會讓人感覺很溫馨，並且也會讓商品看上去更加美觀，有益於促進顧客購物。

3. 傢俱

　　店鋪中的展示櫃，最好是橢圓或圓形的。如果不是，則要在上面

加一些蓋布來削弱過尖的角，以化解尖角煞。

4. 鏡子

　　鏡子的擺放，可以使空間顯得更大一些，並且也方便顧客使用。但是，店中的鏡子不可擺放過多，也不要使鏡子對著入口或窗戶擺放。

5. 水景

　　安放綠色植物或者水缸可以達到淨化空氣的作用，並且還能達到很好的裝飾作用。

◆展覽空間裝飾

　　爲了得到更多商業夥伴和商業資訊，大部分人會選擇去參加展覽會、展銷會。所以，在設計展覽場所時，我們就要針對這個特性來設計展覽空間。

1. 會客處

　　要儘量設計的美觀高雅，這樣會吸引更多的顧客。但不要太靠近大門，如果太靠近，會使行人有壓迫感。要在大門一側，但視線要好，能夠一眼看到顧客。距離以總長的1／3或2／3處爲宜。展廳沒在轉角處最好。

2. 入口

　　可以設計在東、東南或南方，最好不要設在北方。線條上並多使用豎直形的，這樣會加強積極的能量，如果條件不允許，可利用其他一些角落來進行能量的提升，如在西北角增加植物裝飾，在西部增加牆壁的黃色基調。

3. 用色

　　紅色和紫紅會吸引人的注意力，讓人情緒激動。綠色和藍色也比較獨特有效，會讓人的理性恢復。

4. 有可能的話設計一處水景

因為水能讓氣流活動起來，淨化空氣，因而能有效地增強能量。

◆書店裝飾

　　書店應裝修得古樸典雅，給人莊重感。陳列櫃也要整齊放置，給人以整潔感。而且書店的燈光要明亮，以方便讀者選擇圖書。右表是陳列櫃的尺寸（單位：釐米）：

高度	長度	寬度
108	89	38
125	108	39
146	125	40
190	147	42

◆首飾店裝飾

　　因為首飾店一般是女性經常光顧的地方，所以應設計得時尚、溫柔，這樣會讓人更願意光顧。具體有以下幾點。

1. 色彩

　　不宜使用太過鮮豔的顏色，但宜明快高雅。

2. 陳列

　　商品放置應便於顧客觀察和試用。

3. 燈光

　　用局部照射燈光可以把商品的品質襯托得更加高貴。

4. 安全性

　　門用玻璃的話角要平滑，玻璃要有厚度和牢度。

◆美容店裝飾

　　美容店是是讓人發現自己美的地方，也是引領潮流時尚的地方，所以在裝飾上要注意以下幾個方面的問題。

1. 招牌

　　招牌是直接反映該店形象的「門面」，要注意顏色搭配，一般以

深色爲主體以引入注目爲目的，而且招牌也是突出該店經營及形象的看板。

2. 店內裝潢

不管是設計成古典風格、現代風格、歐式風格、日式風格或泰式風格等，要根據裝飾風格表現出該店的專業氣氛，讓顧客接受、認可該店的經營理念，同時繪製出經營項目、價格，使顧客一目了然。

3. 商品陳列展櫃

商品陳列展櫃應安放在進門右側處，淺色爲主體。人的視覺45度，陳列的商品是最容易推銷、外賣的商品，且要經常更換商品。

4. 店內色調

店內色調要以淺、淡色爲主，使顧客感到輕鬆、舒適、溫馨，並具有信賴、安全感。深色會讓人感到不安，產生急躁與情緒波動。

5. 操作區

操作區是直接服務顧客的地方，一般占整個店面面積的3／4或2／3不等，要以寬鬆、乾淨、舒適爲宜，還要考慮到顧客方便、暢通。鏡子要明亮，椅子、床鋪要精美，色調要統一。

6. 顧客座位

要求簡潔明快，舒適、乾淨。能看見電視、畫面，距離恰好。

7. 店內風格

要根據周圍的顧客群來設計，不宜過於豪華，那樣會讓顧客望而止步。

8. 毛巾的顏色及擺放

設計一個較具有美感的架子，毛巾整齊擺放其中。選擇100％全棉毛巾爲宜，顏色最好選擇淺色。

9. 收銀台

收銀台需和整體店內設計相融合，以精、美、小爲佳，背後應設

計顧客寄存櫃，讓顧客產生安全感。

◆鞋店裝飾

鞋店的裝飾首先要注意鞋店的風格和定位，其次要注意女鞋賣場的貨架，接著要注意賣場的顏色，最後要注意賣場的線條。

鞋店的定位要確定好店的品牌是以休閒為主還是以正裝為主，是男鞋還是女鞋。如果是休閒女鞋的賣場應該給人以隨意、輕鬆的感覺，擁有對比強烈的色彩和絢爛的燈光，折放、正面、側面展示要互相穿插，可以給出節奏感強的背景音樂。貨架的擺放要在隨意中又有整體的感覺，正裝則反之。賣場的顏色要有女人味，淡藍+白、紅+白、紫紅+白、駝色+白、白、黑+白等都是不錯的選擇。

賣場的線條要流線、纖細，燈光柔和，多點鏡子，因為女人天生愛照鏡子，當你這裡鏡子多的時候，就算她們沒有看你的鞋也會把她們吸引過來。而男鞋則以粗獷的線條，深沉的色彩為主，多用胡桃木等材料製作。

下面介紹的就是賣場設計的要素：

1. 賣場的色彩要統一

女鞋和裝修色彩要很和諧地融為一體，讓人一眼就能看出賣場的主色調。

2. 貨架擺放留出行走空間

分為主通道和副通道，其主通道寬度不得小於120釐米，次通道寬度不得小於80釐米。形象背景板正對著主入口或買場的主通道

3. 燈光的目的性

在女鞋賣場中燈光起著關鍵的作用，同樣一對女鞋打光和不設燈光出來的展示效果完全不同，特別是一些單件展示的高檔女鞋，一定要用投射燈進行烘托。

◆咖啡店裝飾

顧客進入咖啡店消費一般來說是為了放鬆心情，打發時光，享受片刻寧靜的。因此，咖啡店的氣氛需營造出溫馨感。具體有以下幾點：

空間的佈局：需要敞亮，整潔、美觀、和諧、舒適，要採用「圍」、「隔」、「擋」的組合變化靈活多樣地區劃空間，滿足人的生理和心理需求，有利於身心健康。

1. 音樂

咖啡店的一個關鍵因素就是音樂，應選擇輕鬆的音樂作為背景音樂，聲音要輕柔，不要太大，也不要太小。

2. 燈飾的搭配

燈飾的顏色、形狀與空間相搭配，可以營造出和諧氛圍。吊燈選用引入注目的款式，可對整體環境產生很大的影響。

3. 掛畫

要選擇一些屬性為陰的畫面，要求畫面色調樸實，給人沉穩、踏實的感覺，讓顧客感受到寧靜的氣氛。

◆鮮花店裝飾

對花店的店主而言，花店的裝修最好能體現出店的花團錦簇和熱情洋溢，但是要達到這個目的就要多裝玻璃，一枝花變成兩枝花了，一束花也變為兩束花了，這樣花店店面空間顯得更大了，當然為了體現花的豔麗，燈光色彩也很重要，一般選擇粉紅色燈管點綴，所以可以從以下幾個方面考慮下：

任何花店店面都有所謂的「焦點空間」，這是根據消費者的心理學而言的，這就是最容易吸引消費者目光的所在，當然這也需要在花店焦點空間加強展示效果的手法：

1. 光線的調整

   補光，區分出明亮區及不同顏色的光區

2. 色彩的運用

   牆面或地面、展示台的顏色

3. 聲音的引導

   如音樂、水流聲、風鈴等

4. 以花香自然引領顧客

5. 加入POP的製作

   海報、小卡片之製作，最常見是花語或特價商品

6. 利用一些小道具

   如玩偶、裝飾品和一些造型特殊的花盆、花瓶等。

IV 物品招財

◆常見的招財物品

常見的招財物品主要有以下四類：

1.傳說中的招財獸

如龍子睚眥，性烈嗜殺，利於偏財；三腳蟾蜍，口能吐錢，扶助窮人；獨角貔貅，以錢為食，吸納四方之財。

2.能生旺財運的能量物品

如五帝古錢，帶有盛世旺氣；水晶，能釋放能量，啟動磁場，白玉。

3.與財有關的神像或物品

如財神；劉海仙人；運財童子；金元寶；清末龍銀；聚寶盆。

4.取其形或取其音

如錦鯉、金魚，「鯉」與「利」同音，金代表財，魚與「餘」同音。

◆貔貅招財

傳說，貔貅是一種兇猛瑞獸，護主心強，因此有鎮宅辟邪的作用。傳說，它以財為食，可以納食四方之財，因此又有催財旺財的作用。通常，在家中擺放銅質製造的貔貅，會有很強的催財力量。不過，在請貔貅之前，要先開光淨穢。

擺放貔貅要注意幾點，一是貔貅頭要向外，從外面吸財，二是不能頭朝鏡子，有光煞，三是不能對著床，對主人不利。

◆吉祥畫招財

牆壁上掛上一些圖畫，可以賞心悅目，增加家居美感。但是，如果掛上一些吉祥畫，還可以達到招財的效果。

通常來說，以牡丹畫為招財效果為最佳。不過，向日葵花朵明豔，有太陽花之稱，充滿正面能量，如果懸掛在家中的玄關、客廳或六煞方，都可以達到提升家運，吸引財氣的功效。六煞方是財位不佳、受人陷害而破財的方位，更需要有如太陽般的正面能量。

◆風水豬招財

在十二生肖中，由於豬的外形圓滿，被古人當做財富的象徵，在古時祭祀儀式中，豬所代表的含義就是財源廣進。風水學說，「有形必有靈」，因此，豬具有招財的靈動力。但由於其眾所周知的生活特性，它不可招致尊貴。

為了最好效果，通常把風水豬擺放在財位上。當然，除了衛浴間之外，其他房間也可以擺放。風水豬的材質以黃金為最佳，不過也可以用風水豬型存錢罐代替，經常投入零錢，也可以啟動財運。

不過，風水豬不可經常移動位置；由於巳亥相沖，風水豬對屬蛇的人無效。

◆葫蘆招財

葫蘆在古時常被用做器皿，用來盛水或酒。由於它嘴小肚大的外形，有吸納氣場的作用，因此成為常用的風水道具。如果把葫蘆懸掛在財位，就可以納進財富，且不易外流，達到守財聚富的效果。

用一絲紅繩拴住葫蘆，掛在客廳東南方的天花板上，離地約有三分之二距離，或者懸掛於房屋的西方。葫蘆的外形最好乾淨完整，以留有一段蒂頭為佳。若找不到真葫蘆，用銅葫蘆代替也可以。

◆花瓶招財

花瓶通常用來催動桃花運和姻緣，但是如果擺放合適，也可以爲女孩子帶來財運。

用花瓶招財，要把花瓶放在桃花位。桃花位在房間或客廳的青龍位上，面對房門，右手邊即爲青龍位。使用花瓶招財時，若能同時供奉觀世音，會有更好的效果。

花瓶要外形美觀，色澤光亮，裡面注入清水，插上色彩鮮豔而無刺的鮮花。注意，花瓶裡面一定要有鮮花，否則可能會招惹桃花劫。若插入塑膠假花，則無任何作用。

◆笛、簫招財

笛和簫是由竹子製成，取其節節高升之意。對於工薪階層來說，用笛、簫招財非常有效，可以通過不斷的晉升獲取財富上的增加。把笛子或簫懸掛在文昌位或文曲位上，即能達到招財的效果。

◆五帝古錢招財

所謂的五帝古錢指的是清朝順治、康熙、雍正、乾隆、嘉慶古錢。這五帝在位期間，國內相對比較繁榮和興旺，古錢經歷當時的盛世，吸取有興盛旺財之氣。因此具有化煞旺財之效。不過，古錢要使用真幣，絕不能使用仿製品。

真正的銅錢經過無數人之手，不免有污濁之氣，因此不能隨身攜帶，通常是鑲於大門之上，或者鑲嵌在臺階上、踏腳墊上，上面不可有物遮蓋。

古錢以順治、康熙、雍正、乾隆、嘉慶的次序，從右至左排列，銅錢有字一端向外，底部向內，橫向排成一行。這樣，就可以達到招財

化煞之效。

◆「玉帶纏腰」法招財

最好的陽宅格局，就是有情之水相環繞。而我們所說的「玉帶纏腰」，就是指有河流或者道路在房屋前曲折環繞。

當然，這裡所說的曲折都是「順弓」，房屋是在環曲之內。若是在環曲之外，那就形成了「反弓煞」，對房屋不吉。

玉帶纏腰的格局，對任何人都吉。無論是工薪階層，還是管理人員，都能夠積聚起財富。

◆三腳蟾蜍招財

相傳三腳蟾蜍原是一隻邪妖，喜愛金銀財寶，危害人間。後來，它被道士劉海收服，口能吐錢，來濟貧助人。從此，它被當做旺財瑞獸，用來招財轉運。

擺放三腳蟾蜍時，要把頭部朝內，不可朝外。要知道，蟾蜍口能吐錢，若向外吐錢，則有漏財之虞。

◆龍龜招財

龍龜，瑞獸一種，相傳為古代神龍所生之子，曾背負河圖洛書。龜背、龜尾有制煞解厄之效，龍頭有賜福之意。

龍龜放在財位可催財，放在三煞位或水氣較重之地最有效。有些龍龜背部可掀開，可在裡面放入茶葉或米粒，能夠增強吉祥效果。

擺放龍龜時，龍頭朝向家內賜福；龜尾、龜背向外，以擋沖煞之氣；若放在老人房象徵長壽，則讓龍頭對著窗戶；龍龜招財，則須讓龍龜對大門或窗戶等氣口。

◆銅鈴招財

在風水上，銅鈴主要用來化解五黃之煞。但是，如果在銅鈴上加上小水晶和兩個小黃玉元寶，掛在門口，就可以達到開門見財之功用，因為水晶和黃玉具有納氣招財的作用。

安裝銅鈴的時辰有講究，應避開主人的生肖沖剋。比如，屬鼠的人不能在午時安裝，屬兔的不能在酉時安裝，如右表所示。

子午相沖（鼠馬相沖）
卯酉相沖（兔雞相沖）
辰戌相沖（龍狗相沖）
丑未相沖（牛羊相沖）
寅申相沖（虎猴相沖）
巳亥相沖（蛇豬相沖）

◆麒麟招財

麒麟是用途最廣的吉祥神獸，主正財、旺事業、催富貴、辟邪化煞，因此，在室內擺放一對開過光的麒麟，會給你帶來祥瑞。

麒麟用於招財時，通常放於財位上。比如，公司的財位、董事長的辦公桌上、家裡的客廳財位、店鋪的財位等。臥室裡不宜放置麒麟，否則會影響夫妻感情。

麒麟以金制的力量最強，但價值昂貴，通常都用銅麒麟來代替，也利於化解五黃煞。

◆印章招財

印章象徵著個人的權力，在工作上有權威，主旺事業與財運。因此，可以利用印章來開啓個人的財運。經常使用印章，可以活絡財源、廣納財氣；把它收藏於印章盒內，則可以達到鎮守財庫之效。

印章的材質，以天然玉石為佳。因為玉石本身就是財富的象徵，更加有利於開運招財。

印章代表本人和錢財，因此儘量不要破損和缺角，否則可能會有意外、車禍等災。印章字樣須清晰，字跡模糊可能會引起頭腦糊塗、判斷不清、容易破財。

◆龍飾招財

龍，是至尊吉祥物，代表富貴祥瑞，有生旺和化煞之效。但是，招財龍放置的位置有講究，隨意亂放則有可能引起反效果。

俗話說：龍困淺水遭蝦戲。因此，不宜把龍置於乾燥的地方，魚缸旁邊是個不錯的選擇。而且，龍頭的方向要面向江河湖海的方向，若房屋離水太遠，也難以吸取水中財氣。如果屋前有污水、陰溝，則不宜擺放龍飾，這會讓龍受辱。

如果屋內及屋外均無水，可將龍飾放於房屋北方，北方水氣當旺，適宜喜水的龍。命格五行需金的人，可選擇金屬龍；五行需木的人，選擇青色龍或碧玉龍；五行需水的人，選擇灰色、黑色石龍；五行需火的人，可選紅色龍、壽山石龍；五行需土的人，可擺放黃色龍。

房屋中的龍飾，以一條、兩條、九條為吉。若有九龍，則須有一龍在中央為主龍，否則就是群龍無首，造成家庭混亂。

龍有威嚴之相，因此不宜擺放在睡房。特別是兒童房或生肖為狗的主人房，如果擺放龍飾，是非常不利風水的。

◆古銅錢招財

古代銅錢，在風水上有特殊的作用。它不但能用來化解房屋的煞氣，也可以加強自身的財運。風水上常用的古銅錢，是指五帝古錢和六帝古錢。五帝是指順治、康熙、雍正、乾隆、嘉慶，六帝加上了道光。

古錢也可以與其他風水物品搭配使用，如放在貔貅上，可以加強貔貅的旺財效果，放在麒麟上，也可以增加化煞的效果。

如果用於催旺個人財運，可把一串五帝古錢，按順序串好後，放於錢包或手袋內，也可用布絹包好隨身攜帶。五帝古錢能催旺運氣，也能辟邪化煞。

　　若是為了催旺家運，可將五帝古錢按順序鑲嵌在大門入口處。如果想加強效果，可用五套五帝古錢，分別在大廳四角和中心，按順序放置五枚相同的銅錢。面對大門，左角放五個順治，右角放康熙，後左放乾隆，後右放嘉慶，中間放雍正。

◆風水輪招財

　　風水輪是目前較為流行的旺財用品，它是由銅管和銅盆構成一個迴圈水系。風水上說，水能聚財，而五行之中，以銅為金。因此，這個設計的目的，就在於以迴圈流動的水生旺財氣，以銅盆來聚財。

　　有的風水輪上有燈泡，是為了增強陽氣，加速催財。風水輪上的小水盆，其數目以4、6、9為吉。依據河圖，6屬水，能加強水氣，而4和9五行屬金，能生旺水。

◆水晶碎石招財

　　水晶內含有大量的能量，能夠和人體的磁場相互影響，從而調整五行的平衡，改善健康、愛情、事業、財運等方面的運勢。

　　可在家中的財位上，放置五色（白、青、黑、赤、黃）水晶碎石，以增加財運和貴人運。也可自製一個小荷包，在包裡放置水晶碎石。將荷包隨身攜帶，它能產生源源不斷的能量磁場，讓你旺氣提神，增強本身的氣場，從而提升財運及事業運。

◆發財樹招財

　　什麼是發財樹？指的是那些有著厚葉的小型綠色植物，因為它們

的厚葉片富含水分，因而是聚財的象徵。如果發財樹開花，則會帶來好運，因而要對其細心照料。

通常發財樹需要大量的陽光和少量的水，適量添加鉀肥。也可以在發財樹下壓一張大面額的鈔票，以錢養錢。

◆水晶簾招財

珠簾不會影響空氣的流通，它的作用是用來擋煞和啓動氣場，因此水晶珠的密度要高，不宜太寬鬆，珠子間距以不超過一根手指爲宜。在長度上，用來擋煞的珠簾通常要垂到膝蓋，在視覺上要能夠擋住所要擋的煞物。

各種顏色的珠簾，均有不同的風水效果，但通常不宜選紅色的珠簾。新購回的水晶珠簾，可先用檀香、沉香進行消磁處理。

一進大門，就正對著窗戶或陽臺，這種格局被稱爲「穿堂煞」。由於氣流直來直去，無法停留在屋內，說明家財難以聚存，留不住。

這種情況下，通常需要在中間擺設屏風或植物來化解沖煞。但若是懸掛水晶珠簾，不但能達到化煞的效果，更可以借助水晶簾的擺動，活絡氣場，啓動財運。

水晶簾本身能夠散發能量，改善氣場。因此，當兩個房門對沖，廁所門對著房門或餐廳時，都可以懸掛水晶門簾來化解煞氣或穢氣。

◆風水魚招財

在風水中，水主財，而魚與「餘」諧音，象徵「富貴有餘」，因此，家裡擺放魚缸可以增強人氣與財運。但是，魚缸的擺放很有講究，一旦擺放不宜，可能適當其反。

魚缸要放置在吉利的方位上，才能把吉利方位的靈動力催動，再配合自己的命卦及房間的坐向來做風水設計。養什麼魚和選擇哪種顏色

的魚、魚的數目等等，都有講究，而不能根據個人喜好，隨意決定。

◆聚寶盆招財

　　許多人為了提升自己的財運，都會在家裡或辦公室放置一個聚寶盆。其實，聚寶盆不一定非要是製作精美的工藝品，也可以根據需要自製。

　　選一隻黃色或橘色的甕，應肚大口小，將不同幣值的錢幣放在甕底，再放入五帝錢、朱砂、磁鐵，之後再將黃水晶碎石裝入甕中，直至八九分滿，最後在上面壓一顆水晶球或幾個元寶形的水晶。如果將聚寶盆放置在玄關或梳粧檯下，更能增強財運。

◆霧化盆景催財

　　霧化盆景是目前較為新潮的催財物品，中間有石山草樹，四周有水環繞，其中有噴頭噴射出極細的水線，形成霧氣蒸騰的現象，極為美觀。

　　風水學上認為，水主財。霧化盆景要放在屬水的方位，可以增強財運。忌水的地方則不可放置，如財神之下方等。

◆財神位置

安奉財神的位置，通常是在財位或者吉位。文財神通常放在進門後的左右兩邊，面向屋內；武財神應面向屋外或大門方向。文財神是送財的，面向外面，等於是向外送財。武財神面向外面，一方面可以招財入屋，另一方面可鎮守門戶，防止外邪入侵。

通常來說，文財神適宜文職或較為靜態的工作性質，如公司或辦公室職員、店鋪生意等，均宜擺放或供奉文財神，想要官場得意，通常要供奉文財神；而商場競爭，則以武財神作靠山。因此，一些經商做老闆、軍人、從事武職或生意偏門、有投機性質的行業（股票、期貨）等，適合擺放或供奉武財神。

◆正財神趙公明

正財神趙公明是民間供奉最多的財神，在古代年畫裡面，趙公明頭戴鐵冠，手持寶鞭，黑面濃須，身跨黑虎，面目猙獰，因此人們又稱他為武財神。

最初，趙公明為專司秋天瘟疫的瘟神，這記在晉代《搜神記》當中。到了《封神演義》，姜太公奉元始天尊之命封神，把趙公明封為專司人間財富的財神。從此，趙公明成為民間百姓求財致富所拜之神。

◆文財神范蠡

文財神范蠡是春秋時期的政治家、謀略家、大商人，越王勾踐的士大夫。越國被吳國打敗之後，範蠡與越王成為吳王夫差的階下之囚。他輔佐越王臥薪嚐膽，重整旗鼓，滅了吳國。為防止兔死狗烹，他主動

辭官隱退，更名陶朱公力治產業，積累家產數萬。

范蠡一生艱苦創業，積金數萬，善於經營和理財，又能廣散錢財，故民間百姓稱其爲文財神。

◆武財神關公

關公就是三國時期的關羽，他是一個家喻戶曉、婦孺皆知的人物。他一生忠義勇武，爲佛、道、儒三門所崇信。明清之時，更被尊稱爲「武王」、「武聖人」。

百姓認爲關羽是全能之神，能治病除災，驅邪避惡，民間各行各業都對關帝進行膜拜。商人們敬佩關公的忠義和守信，把關公當做發財致富的守護神。

關公像分爲兩種，紅衣關公放在家中保平安，彩衣關公放在店鋪可招財。

◆偏財五路神

風水學中，五路財神指的，是趙公明元帥、招寶天尊蕭升、納珍天尊曹寶、招財使者陳九公和利市仙官姚少司。路神，又指路頭、行神。五路，即五方：東、西、南、北、中，意思是出門有五路神保佑，可得好運，發大財。每年正月初五是五路財神的生日。古時百姓在四晚舉行迎神儀式，初五早上燃放鞭炮，歡迎財神。

◆「活財神」劉海蟾

劉海蟾，原名劉海，五代十國時代的人，曾爲遼朝進土，後作爲丞相輔佐燕主劉宗光。傳說他喜歡鑽研「黃老之學」，後被呂洞賓引渡，悟道成仙，雲遊於終南山、太華山之間。據說，他曾收服一隻三腳蟾蜍怪，此怪以吞食金銀財寶爲生。蟾蜍被收服之後，沿路爲貧窮百姓

吐金錢，人們感激他，稱他爲「活財神」。

◆邪財神四面佛

四面佛，是婆羅門教的一位神，又稱爲四面神。四面佛掌管人間的一切事務，其四面，分別代表事業、愛情、健康和財運。正面求生意興隆，左面求姻緣美滿，右面求平安健康，後面求招財進寶。也有一種說法是，四面代表四種功德：慈、悲、喜、舍。

四面佛要環視四方，因而不宜放在室內神龕中，更不可與其他神像並列放置，而要放在花園中、院子裡或天臺上，露天供奉亦可。

◆文昌帝君

文昌帝君，又稱梓潼帝君，是古代文人科舉考試的保護神。由於古時學而則仕，讀書人要改善生活，只能通過科舉做官，因此文昌帝君又被奉爲文財神。

文昌名稱來自文昌宮，爲北斗六星的統稱，主管功名利祿。據《明史》記載，古時四川張亞子，爲報母仇就遷往梓潼，幫助晉國打仗，戰死沙場。民間設祠紀念，後被道教吸收爲神，在文昌府中主司祿籍。因此，後世所敬文昌帝君是文昌與梓潼的結合體。

◆福祿壽三星

很多人家喜歡在牆上張貼福祿壽三星的圖畫，把他們的神像放在財位上，也能增強財運。福星神的形象是手抱小孩，象徵福氣臨門之意。祿星神，身穿華麗官服，手抱如意，象徵加官晉爵，增祿添財。壽星神，手抱壽桃，象徵長壽安康。其中，只有祿星是文財神。

三星拱照，滿堂吉慶，能量更強大。

◆財帛星君

財帛星君是一個白面長髭的富態老者，他身穿錦衣系玉帶，左手捧著一隻金元寶，右手拿著「招財入寶」卷軸。

財帛星君，原是天上的太白星，屬於金神，他在天上的職銜是「都天致富財帛星君」，專管天下的金銀財帛，因此被民間百姓奉為財神。

深夜遇見福爾摩斯

五年前一場與女歌手的浪漫邂逅，
此刻讓波希米亞國王面臨著嚴重的醜聞危機，
因為女歌手留著一張與國王的親密合照。
福爾摩斯的任務是，在照片曝光之前取回它……

清晨遇見福爾摩斯

凌晨兩點，伴隨一聲痛苦的吼叫，
烏得曼里發生了一起慘案：
退休的船長被魚叉戳死在小木屋的牆板上。
現場留有一個海豹皮煙袋，
地上掉有一本記載著大筆值錢證券資訊的筆記本。
這些證據會指向誰呢？

為你開啟知識的殿堂
一篇篇精彩故事，都讓你拍案叫絕、讚嘆不已

深夜遇見愛倫坡

我一直對催眠術有著濃厚的興趣,尤其是"臨終催眠"。
我勸身患絕症的瓦爾德瑪作我的實驗對象,
在瓦爾德瑪臨終前,我來到他的病床前,成功地催眠了他。

就在我決定喚醒瓦爾德瑪時,奇怪的事情發生了⋯⋯

清晨遇見愛倫坡

愛德華三世當政的年代,
因為瘟疫的橫行,國王下令封鎖了疫區。
兩個身無分文的水手在一家奇怪的酒館裡喝酒,
當他們喝得爛醉的時候,藉著醉意瘋狂地逃跑來逃避付帳。

結果在老闆娘的緊追之下他們闖進了瘟疫區⋯⋯

為你開啟知識的殿堂
——一篇篇精彩故事,都讓你拍案叫絕、讚嘆不

解夢大師200問

在世俗道德倫理的壓迫下，使我們的個性思想長期被壓抑著，
尤其是在清醒的時候，甚至意識不到自己的真實想法。
夢，是我們可以釋放這些看不見的感情的最有效的方法之一，
它比"酒後吐真言"來得更直接、單純。

在夢中，任何事情都可能發生。

面相大師200問

我們常用"五官端正"來形容人的相貌，
通常是指眼、眉、耳、鼻、口等五種人體器官。

透過對五官的分析，
能對一個人做一些相學的基本分析，
並判斷一個人的運勢吉凶。

為你開啟知識的殿堂

一篇篇精彩故事，都讓你拍案叫絕、讚嘆不

i-smart

智學堂

智慧是學習的殿堂

★ 親愛的讀者您好，感謝您購買 _____ 這本書！

為了提供您更好的服務品質，請務必填寫回函資料後寄回，
我們將贈送您一本好書（隨機選贈）及生日當月購書優惠，
您的意見與建議是我們不斷進步的目標，智學堂文化再一次
感謝您的支持！
想知道更多更即時的訊息，請搜尋"永續圖書粉絲團"

您也可以使用以下傳真電話或是掃描圖檔寄回本公司電子信箱，謝謝！

傳真電話：　　　　　　　　　　電子信箱：
（02）8647-3660　　　　　　　yungjiuh@ms45.hinet.net

姓名：_____ ○先生　電話：_____
　　　　　　　　　　　　○小姐

地址：_____

E-mail：_____

購買地點（店名）：_____　購買金額：_____

職　　業：○學生　○大眾傳播　○自由業　○資訊業　○金融業　○服務業　○教職
　　　　　○軍警　○製造業　○公職　○其他 _____

教育程度：○高中以下（含高中）　○大學、專科　○研究所以上

您對本書的意見：☆內容　　　　　○符合期待　○普通　○尚改進　○不符合期待
　　　　　　　　☆排版　　　　　○符合期待　○普通　○尚改進　○不符合期待
　　　　　　　　☆文字閱讀　　　○符合期待　○普通　○尚改進　○不符合期待
　　　　　　　　☆封面設計　　　○符合期待　○普通　○尚改進　○不符合期待
　　　　　　　　☆印刷品質　　　○符合期待　○普通　○尚改進　○不符合期待

您的寶貴建議：

i-smart